EL
ENEMIGO
INTIMO

EL FIN DE SUS PENAS

Piense por un momento sobre las causas que le crean insatisfacción en su vida. Cosas como la deslealtad de un amigo, los problemas económicos, no le gusta su trabajo o la forma como sus padres lo educaron.

Ahora piense en la felicidad que experimenta a diario. ¿Por qué parece ser siempre tan esporádica?, si es que alguna vez en realidad la llegamos a sentir. ¿Por qué es que no podemos disfrutar de la vida frecuentemente?.

Hay un secreto para lograr la felicidad permanente y constante. Después que descubra cual es, se sorprenderá de lo rápido que su vida va a cambiar. Todo lo que necesita hacer es estar conciente de esta simple verdad:

> El enemigo no es quien está pensando.
> El enemigo habita en su propio ser.

Sin saberlo, personajes psicológicos invisibles habitan en lo profundo de su ser, tomando decisiones por usted que a menudo le causan malestar de alguna forma. Ahora, ha llegado el momento de identificar estos caracteres por lo que realmente son: reacciones mecánicas e inconscientes que crean malas interpretaciones.

En la medida en que descubra *quien es usted en realidad*, no será manejado por aquella falsa voz de su interior que lo mantiene en constante batalla con usted mismo. En lugar, empezará a ubicarse en la correcta dirección hacia el verdadero secreto de la vida.

Ponga en práctica esta lectura y con rapidez asombrosa logrará que los poderes del universo se conviertan en sus aliados.

Confronte su enemigo íntimo y sin duda alguna experimentará la aventura más fascinante de su vida.

SOBRE LOS AUTORES

Guy Finley ha disfrutado del éxito merecido a través de sus diferentes carreras y metas que él se ha propuesto. Entre ellas se incluyen premios como compositor musical para artistas y cantantes populares, participación en películas y programas de televisión. Durante los años 70, escribió y grabó sus propias canciones para la prestigiosa compañía disquera Motown Records.

Hacia 1980, después de sus viajes hacia la India y el lejano Oeste, Guy se retiró de su floreciente carrera artística para dedicarse a sus estudios de superación personal y simplificar su forma de vivir.

Entre los libros publicados en Inglés y Español (también libros en cassettes) por este autor, se destacan *Como triunfar sobre la ansiedad y los problemas* (*The Secret of Letting Go*), *The Secret Way of Wonder*, *The Power of a Free Mind* y *The Keys of Kings*.

La **Dra. Ellen Dickstein** por su parte, empezó a ejercer su carrera profesional a la temprana edad de 24 años cuando adquirió su Ph.D. en Psicología. En el desarrollo de su profesión, Ellen ha investigado y escrito diferentes artículos en temas de superación personal los cuales han sido publicados en revistas especializadas.

En el tope de su carrera, su atención se ha dirigido hacia el conocimiento interno y espiritual donde ha encontrado respuestas genuinas más allá de la Psicología tradicional.

Hoy en día dirige y escribe para una institución de superación individual, la cual cuenta con miles de miembros que toman parte en programas y estudios espirituales y su relación con el diario vivir.

To Write to Guy Finley: To receive your free encouraging poster of helpful inner-life insights as well as information on Guy Finley's books, tapes, and ongoing classes, write to:

The Life Learning Foundation
PO. Box 170E
Merlin, Oregon 97532

Help spread the Light! If you know of someone who is interested in these Higher Ideas, please send his or her name and address to The Life of Learning Foundation at the above address. The latest complete list of Guy Finley's books, booklets, and tapes will be sent to them. Thank you!

EL

ENEMIGO INTIMO

ENCUENTRE SU PAZ INTERIOR

Guy Finley

Dr. Ellen Dickstein

Traducción:

Edgar Rojas

1997

Llewellyn Español

St. Paul, Minnesota 55164-0383, U.S.A.

Coordinación general: Edgar Rojas
Fotografía de la portada: Digital Stock Photography
Diseño de portada: Tom Grewe
Título original: The Intimate Enemy
Traducción: Edgar Rojas

Primera Edición
Primera Impresión, 1997

Librería del Congreso. Información sobre esta publicación.
Library of Congress Cataloging-in-Publication Data
Finley, Guy, 1949–
    [Intimate enemy.   Spanish]
    El enemigo íntimo : encuentre su paz interior / Guy Finley,
Ellen Dickstein ; traducción Edgar Rojas.
        p.   cm.
    ISBN 1–56718–280–1 (pbk.)
    1. Self-actualization (Psychology) 2. Self-efficacy. 3. Self
-defeating behavior.   I. Dickstein, Ellen.   II. Title.
    [BF637.S4F55418   1997a]
    158.1--dc21   97-25808
                                                                  CIP

Llewellyn Español
Una división de Llewellyn Worldwide, Ltd.
P.O. Box 64383, Dept. 280–1
St. Paul, Minnesota 55164-0383 U.S.A.

CONTENIDO

CAPÍTULO 9

LA LIBERTAD DE VIVIR COMO REALMENTE SOMOS

CAPÍTULO 10

RESPUESTAS PODEROSAS QUE LE AYUDAN A AYUDARSE

BIENVENIDA DEL AUTOR

Ha notado alguna vez cómo algunos momentos de su vida resaltan más que otros? Y aún siendo así, estos momentos tienen poca importancia cuando se mira la vida en su totalidad? Y a veces ¿cómo es posible saber que aquel momento que acaba de pasar nunca lo podremos olvidar?

En mi caso, éste es uno de esos momentos inolvidables de mi vida, y a su vez le ayudarán a entender las razones por las cuales he escrito este libro y lo que puede esperar encontrar en las páginas siguientes. La historia comienza hace algunos años cuando estaba siendo entrevistado por un periódico local acerca de mi último libro en esos días. En un momento de la conversación la periodista quiso saber más sobre mi vida personal y la razón que me había llevado a escribir lo que ella llamó "esta clase de libros".

Por su forma de hablar me di cuenta que ella no tenía idea sobre lo que era importante en mi vida. Aún así, traté de animarla con mi respuesta. De forma muy gentil le sugerí tomar en consideración cómo nuestras vidas podrían ser algo mucho más grande de lo que "pensamos"; que el llegar a conocernos a nosotros mismos es una misión sin límite de tiempo y sin límite de recompensas; mucho más que la capacidad de revelación que puedan tener 10.000 libros para sus lectores.

Trayendo a colación una vieja expresión para explicar lo que pasaría a continuación: "Tratar de hablar sobre la verdad con cierta gente es como intentar describir el hielo a un insecto del verano".

La periodista me miró de arriba abajo, respiró profundo y me lanzó la siguiente pregunta para hacerme creer que "ella sabía" lo que yo "realmente" estaba planeando. Este fue el momento que nunca olvidaré. Ella habló casi en forma sarcástica, ignorando todo lo que yo había tratado de decir:

"Muy bien, pero dígame ¿cuántos libros 'más' va a escribir?" y seguía hablando ¿No cree que es como mal escribir libros, tres libros, todos sobre el mismo tema?.

Sorprendido, pero no del todo, de sus ataques en forma de preguntas, no dejé que sus acusaciones pasaran inadvertidas ni un segundo en el espacio que crecía entre nosotros. Muchas veces me había encontrado en situaciones similares, algunas veces con reporteros y aún más en programas de radio. Lo que siempre trato de hacer cuando esto sucede, es responder al "momento" y no a la negatividad de la persona que está haciendo la pregunta. También trato de tomar ventaja de estos instantes candentes, para el bienestar de todos aquellos que están escuchando atentamente para notarlo, sin importar en que estado de ánimo se haya hecho la pregunta, no existe nunca la necesidad de contestarla de la misma forma.

Cuando rehusamos a contestar "cualquier" comentario o pregunta en el nivel hostil en que ha sido formulada, se demuestra el contenido real de la observación y la existencia de un nivel de entendimiento superior sobre la misma. Este descubrimiento lo coloca al comando de todos estos ataques insensatos, así venga de alguien que lo está presionando, o de sus propios pensamientos que están tratando de demolerlo sin compasión. El poder verdadero proveniente de su interior en forma de respuesta concisa, sin acción, así como el gran trabajo que le espera en el Enemigo Íntimo, y por supuesto muchas más.

Aquella tarde memorable, para mí, cuando la reportera ignoró mi respuesta tratando de justificar su percepción negativa, me dio razones suficientes para no dar explicación alguna sobre el por qué continúo escribiendo libros. Pero ahora voy a compartir la razón del por qué, con ustedes, mis lectores.

Para empezar, el autodescubrimiento —y todo el conocimiento que genera— no tiene límites; no existe un momento donde no hay la posibilidad que algo trascendental suceda y engrandezca el alma y nos revele lo que hasta este momento existía, ya no lo es; algo más grande lo acaba de reemplazar.

Esto significa que no existe el fin para lo cual se considera superior; para lo que está por encima de su ser y que al principio de este estado inmensurable de conocimiento lo está esperando dentro de usted mismo. Cuando este descubrimiento se convierte en realidad, se le revelará el secreto más grande de este mundo: la vida está en continuo movimiento en su interior; en otras palabras, la verdadera vida se define como un viaje hacia el interior de su propio ser.

Al encaminarse en la dirección correcta de la vida, sus experiencias internas lo irán transformando lento pero seguro, nuevas sensaciones de placer se impregnarán en usted, aún en los momentos que parezcan más intranscendentes. El aburrimiento como resultado de una vida simple dejará de existir. Las preocupaciones sobre lo que debería hacer con su vida se dejarán atrás cuando por fin se de cuenta que la vida ya lo ha planeado todo por usted.

Créanme, no existe otra sensación de fuerza superior que el saber que también somos parte de todo lo maravilloso que ofrece la vida. Cuando esta verdad se acentúa al frente de nuestros ojos, todo se aclara de repente, nuestros viejos enemigos desaparecen o se convierten en aliados. Cantidades invaluables de energía que alguna vez se desperdició en vano como medio de protección y autodefensa se ha convertido ahora en un instrumento de poder para la exploración y el conocimiento. Y este es solo el comienzo.

Al aprender a cooperar con lo que la vida le ha señalado —que consiste en ayudarle a convivir con el "nuevo yo" buscado desde hace mucho tiempo— la victoria sobre su enemigo íntimo será inminente. El nuevo yo que emerge desde lo más profundo de sus conflictos es tan diferente como lo es el día de la noche. Yo se que es verdad y usted también lo confirmará.

El conocimiento y la armonía como fundamentos de la vida revelados en este libro tienen sus raíces más profundas en la realidad. De esto no hay duda alguna. Pero estos principios serán tan poderosos solo en la medida en que usted tome ventaja de ellos. Autodeterminación y práctica son la clave para transformar la verdad escrita en las fuerzas incalculables que se describen en esta breve historia sobre mi propia experiencia:

Como resultado de un trabajo interno intensivo, todas estas ideas han hecho que mi propio ser interior haya pasado por un sinnúmero de cambios significantes. La habilidad de ver el crecimiento continuo así como la naturaleza de aquello que se interpone en nuestro camino hacia el desarrollo interno y lo que es necesario para superar las limitaciones internas, es ahora mucho más claro para mí.

Ahora bien, desde esta claridad interna se desprende un nuevo deseo de vitalidad y descubrimiento con la capacidad de re-escribir toda una historia interior desde su comienzo. Es el principio otra vez.

El problema que se presenta con toda esta nueva energía —y sus olas internas que se movilizan como lo hacen las águilas al volar— es el encontrar el momento indicado y la forma más efectiva para explorar y explicar los descubrimientos realizados en el despertar de estos cambios internos. Mi misión se ha convertido en determinar la forma de dirigir estas abundancias de material, canalizando y haciéndolo accesible para todos aquellos individuos interesados en un cambio interno real.

Con el propósito de ver realizado lo que la nuevas condiciones me indicaban, acudí a una gran amiga y camarada, la doctora Ellen Dickstein, una estudiante muy dedicada con grandes conocimientos sobre psicología y comportamiento humano, solicitándole su ayuda en los escritos de mi nuevo trabajo. Recibí con gran satisfacción su consentimiento.

Poco tiempo después, la Doctora Dickstein se encontró sumergida durante meses entre mis recientes grabaciones y charlas. Después de muchas horas de trabajo y cientos de notas extractadas empezó la tarea de ensamblar lo que se convirtió en el primer manuscrito de esta obra.

Después de seleccionar cuidadosamente y organizar los escritos de su trabajo realizado, una copia del mismo me fue entregada para una revisión final. El Enemigo Íntimo (The Intimate Enemy) es el resultado de este esfuerzo.

Más que una transcripción de mi trabajo a través de los años, esta obra resalta entre lo que yo llamo dos mundos: Mis escritos antes del momento del nuevo entendimiento y aquellas que lo siguieron.

En el contexto de este libro, en particular al comienzo de uno de los primeros capítulos sobre "el que tiene el control temporal", usted aprenderá nuevas definiciones y leerá sobre algunas descripciones poco usuales sobre muchas de las características psicológicas invisibles que viven en su ser y que han venido tomando decisiones por usted.

Estos nuevos términos son muy necesarios, así como lo es la definición de nuevos organismos descubiertos en cuanto a su naturaleza y origen. Esta nueva terminología psicológica parecerá muy natural a sus sentidos, ya que hay partes de usted que ya están detectando la presencia de estas existencias invisibles en su interior.

El Enemigo Íntimo saca a relucir estas entidades, lo hace consciente de su existencia, del poder que ha ejercido sobre usted hasta el momento y que ahora se convierten en un nuevo poder donde usted tiene el control.

Si alguna vez ha leído alguno de mis libros, notará la evolución a la que me refiero. Si este es el primer libro que lee sobre mis trabajos, lo que encontrará será exactamente lo que necesita; una serie de descubrimientos excitantes sobre usted y su ser interior que lo alertará sobre aquellos hechos que lo han derrotado en el pasado, pero que ahora le dan la fortaleza y confianza necesaria para caminar hacia el futuro sin miedo alguno.

Finalmente, quiero añadir una cosa más. Se trata de una promesa como de una predicción: Aplique y sea consciente de los principios de este libro; mantenga su mente abierta al conocimiento lo cual invitará a su vida las grandes fuerzas del universo; y cuando esto suceda le ocurrirán dos cosas que lo harán invencible:

Primero, como dijo el gran místico cristiano Eckhart "nosotros somos la causa de nuestros grandes obstáculos"; y segundo, como escribe Mary E. Bain "para todos aquellos que se esfuerzan, para quienes exploran fuerzas y energías desconocidas, hay riquezas sin apropiar, armonías sin escuchar, coronas sin trono y aún todavía, un cielo sin revelar".

PRÓLOGO

El día que firmemos un tratado de paz con la vida será un día maravilloso. Piense no más en el desperdicio de energía, en el trajín diario con la vida y las personas en general. Como un país en guerra, movilizamos continuamente nuestra energía alternando fuerzas de ataque y defensivas. ¿Por qué sentimos que debemos hacer esto? Es porque a todo momento vemos el diario vivir como un campo de batalla donde estamos constantemente acosados por enemigos. Una noticia preocupante puede amenazar nuestro futuro económico, alguien rudo y grosero nos puede herir nuestro orgullo; un cabello gris no refleja la intolerancia del tiempo, todas las preocupaciones sobre el futuro y los remordimientos del pasado son una invitación constante a nuevas batallas.

Entonces ¿cómo es que podemos firmar un tratado de paz? Entendiendo que la vida no es realmente nuestro enemigo, y nunca lo ha sido. Todo esto sucede cuando descubrimos los verdaderos orígenes de nuestros problemas.

En la medida en que permanezcamos desorientados en cuanto a la causa real de nuestra pelea con la vida, la batalla continuará. Pero para el individuo que tiene el coraje de ver eventos y personas bajo una nueva y verdadera luz, todo puede ser diferente. De esto se trata este libro. El propósito es presentarle una visión revolucionaria de su propio ser y de aquellos que lo rodean.

El Enemigo Íntimo es basado en el trabajo personal del autor Guy Finley. He tenido oportunidad de presenciar el desarrollo de estas ideas atendiendo sus charlas en Oregon y en mis conversaciones personales con él. Su planteamiento es una forma completamente nueva de entender la verdad sin límites. Como alguien de un conocimiento contemporáneo profundo, se expande en su gran teoría espiritual y filosófica.

Para quienes tienen la necesidad urgente de explorar estas teorías y sus misterios para enriquecer la vida, este libro abre la puerta que encierra estos secretos.

En estos momentos, usted está a punto de empezar una fascinante aventura hacia el interior de su ser. Muy pronto tendrá un tremendo entendimiento no solo de su personalidad pero también de los conflictos humanos y la existencia de un mundo superior libre de disputas y enfrentamientos; llegará a conocer rincones de su naturaleza que nunca había pensado que existieran. Verá como se clarifican los dramas de su vida que hasta ahora no tenía control ni conocimiento de ellos. Conocerá su único y verdadero enemigo: El Enemigo Íntimo. Y aún mejor, con su nuevo estado de conciencia y percepción revelado a través de este libro, lo guiará en el descubrimiento, por sí mismo, de un nuevo ser; el ser que ha ganado la batalla interna. Usted mismo.

Dra. Ellen Dickstein

1

> *Si él cae en conflicto, él cae por sí mismo.
> Si es por causas físicas externas, mi
> conflicto puede ser causado por alguien;
> pero espiritualmente, hay solo una persona
> que puede destruirme; yo mismo.*

— Soren Kierkegraard

EL DESPERTAR QUE SUPERA TODOS LOS CONFLICTOS

A través de la existencia del hombre, muchos sabios han compartido sus verdaderas teorías acerca de las causas del dolor humano. Todas ellas apuntan exactamente en la dirección opuesta a lo que hasta ahora hemos querido entender. El enemigo no es lo que pensamos que es. Nuestro verdadero adversario en la vida, el que nos ofende creando hostilidad y luego nos hace culpar a alguien, no es lo que siempre hemos creído. No es alguien "allá afuera". Es algo "aquí adentro", un enemigo íntimo.

Podemos nombrar cientos de cosas que creemos es el enemigo, pero no lo es:

1

—Un amigo que nos traicionó

—Un sistema económico inevitable

—La persona con autoridad en el trabajo

—Un hábito difícil de romper

—Un chofer sin modales

—La computadora no funciona

Todas estas son condiciones que vivimos a diario, pero el verdadero enemigo está mucho más cerca de nosotros.

Todos podemos sentir la presencia del enemigo íntimo tan pronto como escuchamos esa expresión. Todos hemos oído esa voz que nos atormenta y nos derrota en el interior de nuestras mentes. Nadie nos critica tanto como lo hacemos nosotros mismos. Sabemos como las voces de conflicto nos atacan, enviándonos de un lugar a otro, haciéndonos dudar finalmente de las decisiones a tomar. Somos expertos en saborear nuestros planes para la felicidad, por lo cual no me sorprende que ninguna de nuestras victorias sea permanente.

A veces parece que "controlamos" al enemigo por períodos; quizá un ataque al corazón hizo que cesara la ansiedad sobre una relación amorosa, o tal vez un buen trabajo realizado en la oficina hizo por fin que nuestro jefe nos notara. Pero corrigiendo o "controlando" esa persona en el exterior no soluciona el problema interno. La naturaleza infeliz que creó el primer enemigo creará otro y otro más. Debe ser así, ya que la insatisfacción interna que se proyecta a través del primer enemigo continua gobernando desde el interior.

Esta corta historia lo ayuda a entender la idea: Un hombre caminaba por su propiedad cuando una piedra pequeña se introdujo en la suela de su zapato. La piedra era apenas del tamaño necesario para hacer que perdiera el equilibrio; al caminar por un terreno rocoso, se resbaló y cayó.

Disgustado, pero confiado en sus acciones, el hombre inmediatamente "arregló" el problema emparejando el terreno con sus herramientas de trabajo. La piedra que tenía en la suela, lo seguía molestando causándole cada vez más dolor. Continuó su caminar y de pronto no vio una rama de un árbol enfrente a su cara, la rama lo golpeó y su reacción inmediata fue la de cortar el árbol. Más disgustado que antes e incapaz de pensar con claridad, su solución final fue despedir al jardinero por no mantener su propiedad en condiciones distintas.

Es claro al observar la historia de este hombre, que la forma de percibir sus problemas nunca le dará la respuesta o las soluciones adecuadas. Desde su punto de vista, el "arreglo" obvio al problema fue despedir al jardinero. Los problemas que el hombre "arregló" fueron los secundarios. Nunca enfocó la verdadera causa del dolor.

Comparando esta situación con nuestras vidas, por mucho tiempo hemos venido tratando de corregir condiciones adversas que en realidad son secundarias sin analizar la causa principal. A diario enfrentamos batallas para protegernos de nuestros enemigos que en verdad nunca fueron responsables del dolor que sentimos. La solución a todas nuestras dificultades está en identificar correctamente y luego eliminar "la piedra en la suela del zapato". ¡Para llegar a hacer esto debemos emprender un viaje hacia el autodescubrimiento que examina muchos rincones escondidos de nuestro ser sin dejar nada sin revelar! Cuando el viaje haya terminado, no seremos los mismos que empezamos y no miraremos el mundo a nuestro alrededor de la misma forma. La nueva capacidad de entendimiento nos dará la fuerza interna que nunca más podrá ser derrotada.

Las fuerzas escondidas
detrás de su conflicto interno

La infelicidad que sentimos es como una fruta amarga o la falta de autoentendimiento. En la confusión, hacemos cosas que nos causan daño. No es que intentemos hacernos daño a propósito, peor, la verdadera causa se esconde tras fuerzas inconscientes. A través de este libro nos referiremos a estas fuerzas de diferentes maneras, así como han sido señaladas en estudios espirituales y literatura clásica por miles de años.

Se les ha llamado fuerzas negativas, los poderes ocultos, fuerzas ocultas y aún espíritus diabólicos sólo para nombrar unos cuantos. Lo importante no es como llamar a estas fuerzas de conflicto, pero si, que reconozcamos la verdad de su existencia.

Sin importar que nombres se les ha dado, todos se refieren a lo mismo: Inconscientes fuerzas mecánicas hacen que el ser humano se comporte como máquinas sin pensar, llevándolo a actuar sin reflexión o compasión. Cada vez que vemos a un hombre o a una mujer sometidos por algo superior a su habilidad de resistir, ya sea rabia, miedo, codicia o dolor, estas fuerzas están actuando y en control.

Pero de la misma forma, hay fuerzas superiores que también pueden estar controlando el individuo. A través de la historia de la humanidad, estas fuerzas se han conocido como fuerzas de luz, fuerzas divinas o simplemente la verdad: Palabras de esperanza que definen ideas superiores y estados de conciencia que impulsan al individuo a actuar y sentir lo bueno y extraordinario de todo lo que lo rodea.

Estas fuerzas positivas y negativas se encuentran en perpetua batalla por el control del ser humano. Representaciones de estos conflictos han dominado al arte y la literatura de todas

las culturas existentes. Pero ¿qué significa esto para nosotros? Significa que en cualquier momento tenemos la capacidad de escoger. Podemos escoger el trabajar para permanecer despiertos espiritual y psicológicamente, vivir una
vida superior, o también llevar una vida de deterioro psíquico donde el miedo a vivir, las frustraciones y los conflictos se encuentran en comando.

¿Qué queremos decir con deterioro psíquico y cómo nos
afecta en nuestro diario vivir? En otro libro escrito por este
autor, *Como triunfar sobre la ansiedad y los problemas*, (*The
Secret Of Letting Go*), Guy nos da una invaluable lección:

"La inteligencia no es la causa del sufrimiento, aún cuando
se ha probado que sufrimos. Esto sólo puede significar que
una inteligencia falsa se ha introducido en nuestro ser y ha
sido aceptada como parte innata. Hay sólo una razón para que
este cambio siniestro hubiera ocurrido sin que lo hayamos
detectado. Durante esos bien conocidos 'paquetes de preocupación' nos quedamos dormidos. En estos extraños momentos de deterioro psíquico soñamos que estamos despiertos
para así poder ver la solución a este estado de dolor. Entonces,
si el estado de inconsciencia es el problema, el estar consciente es la única solución. Una actividad dudosa o mal inten-
cionada, puede funcionar en la medida en que la víctima crea
que uno de los participantes, que está secretamente haciendo
parte de la acción, está tratando de ayudarlo.

Quizá usted no esté en capacidad de pensar una solución,
pero puede ver su salida claramente. Esta especie de visión
interna es un mecanismo de seguridad. Encontrarse a sí
mismo es dejar que se alejen todos estos pensamientos y
sentimientos derrotistas que han venido diciéndole como
ganar sin ningún resultado".

Mucha gente ha escogido permanecer en el estado de deterioro psíquico sin quererlo y por mucho tiempo, hasta el punto de perder la claridad de que existen alternativas. Descubrir la existencia de opciones se convierte en una excitante revelación que enardece nuestro espíritu.

Desafortunadamente no importa que tan sincera la persona sea en cuanto a su deseo de escoger el camino correcto; no es una decisión que se toma una sola vez esperando que el dilema se resuelva para siempre. Hasta que nuestra fuerza espiritual se fortalezca, siempre somos empujados a un estado de fracaso, ya bien conocido por nuestro ser.

Debemos trabajar con dedicación para poder identificar esos estados que nos adormecen, y tratar de tomar ventaja y expandir los momentos conscientes cuando sea posible.

Pensando de esta manera, como seres que actúan bajo fuerzas de luz o de oscuridad, conscientes o inconscientes, puede ayudarnos a entender la batalla que se lleva a cabo en nuestro interior y que es preparada hacia el exterior. Las fuerzas negativas crean miedo, preocupación y los conflictos que de esto resulta. Las fuerzas positivas, por su lado, muestran la existencia de un mundo superior donde la seguridad es total sin enemigos que batallar.

Es el pensamiento equivocado que crea enemigos y que mantiene la visión del universo como un lugar hostil; el campo de batalla diseñado para frustrar nuestros sueños y metas.

Estados de conciencia superior nos muestra que ninguna de estas percepciones es real. Y cuando logramos entender todo esto, nos damos cuenta que nunca existió un batalla ni siquiera entre las dos clases de fuerzas.

La fuerzas positivas de luz son siempre las victoriosas. El poder superior nos dice que ninguna mentira puede habitar en sus dominios. Cuando el conocimiento es alcanzado, lo que pasará al final de este libro, nos encontraremos en el camino correcto hacia la verdad en nosotros. Luego todo será armonía alcanzando la libertad deseada. ¡Esta es la victoria!.

> *El que conoce su enemigo, y se conoce a sí mismo no estará en peligro en cientos de confrontaciones. El que no conoce al enemigo, pero se conoce a sí mismo algunas veces saldrá victorioso, otras será derrotado. Aquel que no conoce al enemigo ni a sí mismo será inevitablemente derrotado en cada enfrentamiento.*
>
> Sun-tzu

Garantías seguras en avances súbitos

Las únicas verdades que pueden transformar nuestras vidas son aquellas que han sido reveladas a través de nuestra propia experiencia. Hasta que un niño aprende a caminar, el no se puede movilizar de un punto a otro, sin importar cuanta gente ha visto caminar antes. De la misma manera, aquellas ideas memorizadas que han sido regidas en el pensamiento de una persona sin un verdadero entendimiento no serán de ayuda alguna en el momento de crisis. Las ideas superficiales que no han llegado al corazón del ser humano no pueden crecer y madurar como elementos de sabiduría.

Pero cuando usted ve la verdad por sí mismo, a través de su propia experiencia, se convierte en parte suya. Se prueba a sí mismo una y otra vez por medio de ejemplos que irá descubriendo, atrayendo más verdades a su ser. Con el tiempo la claridad y la visión crece y por ser parte de la verdad no podrá ser destruida. Lo que nace de una idea correcta, como una gota de agua fresca, crece en generosidad como manantiales de agua que alimentan y mantienen la vida.

Las grandes verdades siempre han sido presentadas en forma de ejemplos o parábolas dándole la oportunidad a quien escucha, de comprobarla a través de su propia experiencia. Así como Guy nos lo muestra, lo grandes maestros no nos han dado enseñanza, pero sí nos las han mostrado.

En el nuevo testamento por ejemplo, Cristo invitaba a su audiencia a mirar algo tan simple como las flores de un campo abierto y de allí se desprendía una profunda lección sobre la naturaleza y su desarrollo superior. Cuando la gente entendía de que se trataba, empezaba el proceso de reeducarse a ellos mismos. Ellos "veían" como su pensamiento era reorientado por medio de la lección que se convertía en una verdad poderosa.

Cuando "mostramos" cómo descubrir más verdades, aprendemos cómo enseñarnos a nosotros mismos. Aprendemos cómo aprender. Una vez logramos esto, la velocidad con que avanzamos en el aprendizaje es más notoria.

A través de este libro se le presentarán ideas nuevas donde tendrá la oportunidad de probarlas. En el proceso aprenderá el arte de aprender. Verá como las cosas de su vida diaria se conectan unas con otras y su progreso será seguro y duradero.

Nuevas verdades para una fortaleza real

Empecemos con entender qué significa fuerza. La mayoría de las personas tienen el deseo intenso de ser fuertes pero parece que no logran encontrar la fuerza real que están buscando. En lugar, encuentran cualidades que dan una percepción de fuerza, pero en realidad las hace sentir más débiles. Estos son algunos ejemplos de fuerza fingida:

—Explotar de la rabia cuando se está frustrado

—Exigiendo que todo sea correcto

—Culpar a alguien más por algún problema

—Gritar o ser agresivo e indiferente y crítico

—Sentirse confiado debido a una apariencia artificial

Por el contrario, estos son algunos ejemplos de verdadera fuerza:

—Mantener la calma durante momentos de crisis

—Nunca sentir la necesidad de probar lo que somos a ninguna persona

—Buscar la solución del problema en lugar de señalar el culpable

—Aceptar autodisciplina sin importar las circunstancias

—Ver los impedimentos como pasos necesarios para alcanzar un objetivo superior.

Debemos de estudiar y tratar de ver las diferencias que existen, no sólo en las descripciones individuales de fuerza, pero en lo que se refiere a comportamiento humano de donde estas características se desprenden. Pensemos por ejemplo, en la clase de vida que llevaría alguien con las cualidades de la segunda lista. Es posible para cualquier persona alcanzar esta clase de vida, pero sólo en la medida en que se desee ver la diferencia entre la fuerza física y verdadera. Entender las diferencias es primordial en el proceso de cambio interior que nos brinda una relación con la vida totalmente nueva.

Pretender ser fuerte no es la respuesta, nuestra experiencia nos ha enseñado que la pretensión es sólo un estado temporal en espera del llamado de la vida para enfrentar los verdaderos retos. ¿Y quien no ha padecido al creer en la fuerza pretenciosa de alguien? La mayoría de nosotros hemos tenido la experiencia de creer que hemos encontrado alguien o algo que representa fuerza en nuestro ser y luego hemos sido engañados pensando que teníamos algo que nos ayudaría a lograr la victoria sobre cualquier amenaza, pero en el momento crucial, no hizo nada para prevenirnos de la rabia o el nerviosismo. Quisimos llegar a pensar que finalmente teníamos algo que nos haría invulnerables, pero con el tiempo, los invasores del miedo y las preocupaciones derrumbaron nuestras defensas causando sufrimiento y una derrota más.

Ahora está a punto de leer verdades sobre la fuerza que le podrán parecer muy diferentes a los conceptos que ya tiene. Dele la bienvenida a estos descubrimientos y sea testigo de como su entendimiento sobre la fuerza y la victoria lo llevan a alcanzar un estado de paz y poder donde la independencia y la autonomía son las nuevas reglas a seguir.

La verdadera visión que inicia su proceso de cura

¿Ha notado alguna vez cómo crecen las cosas? Por ejemplo, ¿cómo crece una perla? Comienza como algo irritante, quizá un grano de arena que encontró el camino hacia el centro de la ostra. Luego la ostra cubre lentamente con capas protectoras este grano de arena formándose así más tarde la perla. De adentro hacia afuera.

¿Y cómo crece un árbol? Puede verlo en el tronco. Los anillos le muestran como ha crecido de adentro hacia afuera.

Una herida se cura de la misma forma. Desde la célula que crea la vida hasta el universo que se expande, todo se mueve de adentro hacia afuera.

Guy señala que en el mundo parece haber sólo una excepción a esta inevitable ley de la naturaleza. Esta excepción tiene que ver con la forma como nuestra mente mal dirigida ve el mundo a su alrededor. Cuando la mente sensorial percibe la vida, su visión equívoca ve lo que pasa de afuera hacia adentro.

¿Cómo nos afecta este error en la percepción? Significa que captamos la vida como una serie de cosas que vienen hacia nosotros. Todo nuestro ser es orientado hacia afuera, pero parece como si nuestras vidas hayan sido determinadas en la dirección opuesta, hacia adentro. No vemos la importancia de nuestros estados internos —la forma por la cual el contenido de nuestros pensamientos y sentimientos determinan en realidad como interpretamos lo que vemos—. Creemos que las cosas que vemos acercarse a nosotros son buenas o malas por sí mismas. Luego creemos que debemos tomar decisiones basadas en lo que se está acercando sin darnos cuenta que nuestra interpretación de lo que vemos ya ha sido escogida sin saberlo.

Entonces, en nuestra creencia errónea de que estamos a la deriva y en las manos de eventos externos, definimos fuerzas como la habilidad que desarrollamos para enfrentarnos a estas situaciones. Es por esto que nuestros conflictos y batallas nunca terminarán. Es imposible. Cuando ambos lados de la batalla se encuentran en una misma persona, la única paz que él o ella conocen es el silencio parcial que se crea entre el pensar que todo está bajo control y luego darnos cuenta que no era así.

Pero ¿qué tal si vemos las cosas completamente diferentes y esa forma fuera la correcta? Todo cambiaría. Veamos como esto puede pasar.

Corrija este error y cambie su vida

La vida no nos llega desde afuera, aún cuando esta es la forma en que lo vemos. Cuando logramos entender este concepto, veremos la equivocación en que estamos cuando nos referimos al significado de la fuerza.

En estos momentos tenemos una lista de cosas que queremos superar; nuestro pasado, nuestro fracaso por no conseguir lo que creemos que necesitamos, la presión que sentimos del mundo exterior. Hemos identificado estos retos como algo que nos afecta desde el exterior. Naturalmente, nuestro comportamiento es basado en lo que la mente define como la causa del problema; continuamos batallando el desafío exterior para encontrar la cura deseada, pero aún así el sentimiento de dolor permanece.

Una herida que se cubre con rapidez no tiene riesgo de sanar en su interior, de la misma forma, cuando intentamos sanar una herida psicológica proveniente del exterior, intervenimos en el proceso natural de curas que debe ser interno. Al no entender la naturaleza de la herida, la volvemos a abrir de nuevo.

Por ejemplo, quizá una mujer piensa que el dolor que ella siente es causado por algún hombre, por lo que jura no dejar que la lastimen nunca jamás. La actitud que toma ante los hombres se endurece, pero al mismo tiempo y en secreto su desespero aumenta en la búsqueda de aquel hombre que le pueda curar su dolor. Consternada, ella continúa atrayendo inconscientemente la misma clase de hombres que le han causado malestar; la actitud hostil que ha tomado para demostrar la fuerza se ha convertido en su debilidad perpetuando así el problema. A menos que ella cambie su percepción del problema desde afuera, no habrá ninguna solución genuina.

Vemos claramente que ella está cometiendo un error por la forma que mira la situación desde el exterior. ¿Y a nosotros qué? Veamos que ocurre cuando nos miramos de una forma nueva; la verdadera forma. Como todo ser viviente, estamos en un proceso evolutivo de adentro hacia afuera. La forma como funciona nuestra mente, nuestras expectativas, nuestra personalidad, determina la forma en que experimentamos, interpretamos y reaccionamos a los eventos en que incurrimos. El mismo evento, por ejemplo un eclipse de sol, puede significar algo enteramente diferente para la gente. Esto es debido a que para cada individuo la vida se está desplegando de adentro hacia afuera. Un astrólogo ve el eclipse como un evento que puede ser fuente increíble de información; un artista lo ve como un maravilloso misterio donde la intensidad de luz puede ser parte de su próxima obra. Para alguien viviendo en aislamiento puede ser una señal maléfica, quizá el fin del mundo.

Muchas interpretaciones del mismo evento se dan a escalas menos cósmicas. Las tazas de interés significan algo para un banquero y otra para quien está comprando vivienda. El aumento de peso para alguien puede ser algo natural en el proceso de envejecer, para otra persona puede ser la pérdida de confianza en sí misma.

Al pasar el tiempo, en la medida en que entendamos el proceso en capítulos más adelante, se han venido creando en nuestras mentes y corazones una serie de ideas y creencias incorrectas sobre nuestras necesidades —así como la mujer que mencionamos anteriormente y su problema con los hombres—. Esta condición mental y emocional no representa lo que en realidad somos, pero parece tan real que se convierte en la plataforma de donde vemos e interpretamos los eventos que experimentamos. Cuando algo ocurre y no estamos de acuerdo con esas ideas preestablecidas, lo vemos como una amenaza. La atención es dirigida hacia el exterior en lugar de entender que lo que sucede aparece amenazante sólo porque es una imagen mal interpretada, pero creemos que es un peligro inminente —un enemigo—.

Así es como nos encontramos en una batalla constante para controlar las circunstancias externas con el objetivo de proteger las imágenes preestablecidas. Situaciones que son de naturaleza neutral son interpretadas como amenazas verdaderas, lo que nos hace preparar para el conflicto. Como resultado de todo esto tenemos una reacción interna errónea sin un motivo externo justificado.

El miedo que sentimos por la posible manifestación de estas imágenes se convierte en una forma de dolor. Este dolor es causado por una actividad intensa no determinada, pero proyectamos esta perturbación hacia el exterior culpando al evento como la causa del trastorno. Mientras tanto el verdadero usted, en la espera a manifestaciones desde adentro, aparece olvidado; en lugar de aprender de las situaciones, las consideramos como enemigas. Debido a la negligencia, la voz de la verdad se debilita hasta el punto que lo deja de guiar en su vida mientras que usted continua luchando guerras inútiles. El poder silencioso de su verdadera naturaleza interna ha sido callado, mientras tanto la vida externa se estremece sin poder encontrar la solución y el descanso que está buscando.

¿Ha visto alguna vez una rosa en botón que no pudo florecer? Las hojas que la cubren se secan y el crecimiento de la flor se interrumpe. Para mucha gente que disfruta de la satisfacción falsa de batallas que nunca terminan, la vida es como la rosa que nunca florece. Lentamente se va secando en su interior porque fracasa en su propósito: Abrir hasta convertirse en una flor.

Pero las cosas pueden ser diferentes para aquellos que se cansan de luchar en batallas sin sentido y sin nunca llegar a una conclusión. Uno de estos días, su deseo más grande se convertirá en ver su vida realizarse en pleno según sus propios planes. Se cansará de sus falsas ideas sobre la fuerza así como de la satisfacción fingida que acarrea. Felizmente sacrificará lo necesario para poder experimentar un conocimiento superior que lo hará más fuerte en su interior. Su sensación de alivio será tan inmensa al saber que nunca tendrá que probar su fortaleza de la manera que lo venía haciendo.

¿Qué significa esta nueva visión de fuerza para la mujer del ejemplo anterior? En lugar de enfocar su energía con el propósito de defenderse de la falsa percepción que los hombres tratan de herirla, ella comienza a ver que su verdadero enemigo es aquel que lleva consigo en su errónea teoría: (1) sin alguien a quien amar, ella nunca conocerá el amor. (2) a menos que encuentre un hombre fuerte para ella, el mundo la tratará siempre con desventaja. (3) la felicidad depende de algo externo diferente a su verdadera naturaleza. Al conocer quien es su verdadero enemigo, ella no tendrá que temer u odiar a alguien nunca jamás. El conocerse así misma le dará una visión más amplia y humanitaria con los demás, incluyendo aquellos que la hirieron en el pasado; ahora con su nueva percepción aliviando su camino, seguramente no volverá a relacionarse con esa clase de hombres en la búsqueda desesperada por aceptación. Por primera vez le va a ser posible tener una buena relación amorosa debido a que su vida ha sido curada en el interior para tener una visión real del mundo exterior.

¿Cómo hacer para que los problemas de disipen?

Cuando vemos el mundo como un lugar hostil donde nuevos ataques son lanzados constantemente contra el ser humano, parece lo más lógico tomar una acción defensiva. Y eso es exacto lo que hacemos. Ponemos enorme cantidad de energía planeando y llevando a cabo estrategias para la defensa; así justificamos nuestras acciones hacia la posible crítica de los demás. Por un lado adulamos a aquellos que vemos más poderosos y nos sentimos superiores sobre aquellos que vemos con menos autoridad.

¡En lugar de vivir la vida con libertad y plenitud, sufrimos al compararnos con los demás esperando convertirnos en alguien con quien vamos a ser comparados! Se podría pensar que nos hemos convertido en barricadas psicológicas desde donde analizamos el mundo en la espera del siguiente ataque. Cada vez que nos veamos sumergidos en esta defensiva sin control planeando la arremetida, sería el momento excelente para recordar la nueva visión de nuestra vida: En realidad nos estamos desplegando desde el interior a pesar de la percepción que tenemos, que los problemas y amenazas provienen del exterior. Esto significa que en lugar de centrar nuestra atención en lo que otros han hecho o dicho, o la noticia del día, debemos dirigir la atención hacia nuestro interior.

Cuando vemos venir el "ataque", es el momento de orientar la atención en la otra dirección y así descubrir que es sólo una falsa visión percibiendo un ataque. Cuando nos damos cuenta que la "amenaza" que estamos apunto de enfrentar es sólo una sombra, enfrentamos la situación desde el verdadero interior; el despertar de un conocimiento superior que detecta un "ataque" sin ningún poder de amenaza. Es sólo nuestra reacción, nuestra creencia en su capacidad de hacernos daño la que le infunde el poder que nos asusta.

En el pasado aceptábamos el comentario erróneo que cualquier individuo estaba en capacidad de hacernos daño. Nuestro análisis equivocado creó el problema y por lo tanto nunca se pudo resolver. Ahora en la medida en que el nuevo estado de análisis rechaza al darle a la vida la energía para perpetuar las ideas equivocadas, el problema debe desaparecer por sí mismo.

Para alcanzar este estado, debemos primero que todo cansarnos al extremo de luchar en todas esas batallas pretendiendo ser fuertes según las ideas que tenemos al respecto. Podemos ser esa persona insólita quien dice "no trataré de ser fuerte nunca más. Sólo voy a observar. Voy a empezar a participar en mi vida de una manera completamente diferente". Lo cual significa, trabajando para descubrir que nuestra vida ha sido creada desde el interior.

Cuando nuestra percepción engañosa ve algo amenazante, somos introducidos otra vez en una nueva batalla. Cuando nuestra conciencia alerta ve que son sólo eventos pasajeros, no acomete y por lo tanto no hay batallas que luchar.

La única cuestión importante es lo que se despliega en nuestro interior. Nosotros no podemos cambiar, controlar o ser más fuertes de lo que vemos porque no estamos realmente separados de esa visión. Sólo necesitamos aprender a mirar con más precisión. Luego entenderemos que hay otra clase de fuerza por sí misma, una fuerza superior, de la cual podemos compartir. Participar en esta fuerza significa que no tenemos que intentar ganar algo en el exterior.

La victoria permanente sobre su enemigo interior

Hemos introducido algunas ideas nuevas y desafiantes en este capítulo, pero quizá lo más extraño, es que nosotros somos nuestro propio enemigo. Este enemigo tan cercano es el producto de la mala interpretación y está hecho de muchas partes conflictivas que batallan unas con otras en una lucha abierta que ha sido creada por si misma.

Es el enemigo íntimo que nos hace ver el mundo negativo e inseguro causando el dolor interno que sentimos; después proyectamos este dolor, culpamos a las personas y los hechos, en lugar de buscar la verdadera causa en nuestro ser.

A través de muchos años de estudios similares, mi experiencia prueba que la disputa entre lo interno y lo externo es interminable para la mayoría de las personas; se aferrarán a su inconsciente lo que significa que su conflicto con la vida continuará. Para aquellos que deciden escoger la vida real, todo puede ser diferente. Ellos tendrán el coraje de preguntar: "¿Es posible que yo sea mi propio enemigo?" "¿Podría ser verdad que mis pensamientos y sentimientos están en contra de mi propio bienestar?".

El siguiente capítulo describe paso a paso como funciona su enemigo interno; podrá apreciar sus acciones por usted mismo, dentro de usted mismo. También entenderá el proceso invisible de su creación y la forma como roba su energía con la intención de crecer. Al final, por medio de racionamiento claro, vemos como es posible ganar la batalla permanente sobre su enemigo íntimo.

Nota especial

Viviendo bajo los niveles de vida establecidos en el presente, casi que las preocupaciones son constantes acerca de lo que nos rodea. ¿Por qué? Porque todavía vivimos con la equívoca noción de que lo que somos es determinado por lo que nos sucede. Esta noción es la que vamos a dejar atrás de una vez por todas. Colocándonos en las manos de una inteligencia real, podemos aprender a sobrepasar cualquiera que haya sido la causa del miedo que nosotros ahora hemos sentido.

Guy Finley

Como triunfar sobre la ansiedad y los problemas

2

*Hay momentos, cuando cortejamos el
sufrimiento, con la esperanza de que al
fin encontraremos la realidad; los bordes
de la verdad. Pero es solo una escena
fingida. Lo único que el dolor me ha
enseñado es su frivolidad.*

Ralph Waldo Emerson

DEJE QUE LA VERDAD LO GUÍE
MÁS ALLÁ DE SUS PROBLEMAS

La mayoría de los seres humanos viven en un constante
conflicto psicológico por no tener el entendimiento de
otra forma de vivir. Una nueva forma de vivir puede realizarse para aquellos que tengan el deseo sincero de dejar
atrás los caminos de dolor y así buscar la verdadera realidad.
La verdad nos está esperando pacientemente, mostrándonos
a través de nuestras experiencias quienes somos y, al aceptarlo, es como derrumbar las paredes de la hostilidad y las
ideas que nos han mantenido cautivos.

¿Qué es la verdad? Esta pregunta no es tan difícil como se
nos ha hecho creer. La verdad es lo que es real, a menudo es

diferente de lo que la mente nos dice que es real. La verdad es la experiencia en la vida, no el pensamiento distorsionado. Es la fuerza de la vida por sí misma, es ahora y lo ve todo como debe ser. Es lo que nos hace palpitar. La mente no puede abarcar la verdad, pero la verdad lo abarca todo. Cuando reconocemos la ineficacia de la mente para ver las cosas como realmente son, es el momento de invitar la verdad para que tome el comando de la vida.

Como individuos en busca de la verdad, debemos adoptar una actitud positiva y prepararnos a descartar todo lo que pensábamos en algún momento que era verdad y ahora no lo es. Es como si arrojáramos a un lado nuestras creencias tradicionales e ir en busca de la verdad a través del camino del autodescubrimiento.

El buscador de la verdad es alguien que desea entender la realidad de cada situación aún si esto implica aceptar que la percepción original era equivocada.

Empezamos a pensar así: "Algo inusitado me pasó hoy. El miedo se apoderó de mi ser. Luchaba con gente en mi mente; fui atormentado por memorias del pasado y las dudas sobre el futuro. Esta ha sido siempre la historia de mi vida y todo lo que pensaba era posible. Pero ahora veo que mi resentimiento me afecta y mi rabia hacia los demás me desequilibra. No quiero sentirme así nunca más y me pregunto si hay algo que pueda hacer. Presiento que la vida ofrece algo más.

En las noches miro hacia el cielo y veo su belleza y siento su poder. ¿Es posible poder reflejar en mi vida el orden y la inteligencia que parece controlar todo lo demás excepto las mentes nubladas de los seres humanos? ¿Es necesario el sufrimiento o hay una fuerza secreta que todo lo transforma y tengo el poder de entenderla?".

Cuando empezamos a pensar en esta forma, hay una oportunidad para un cambio verdadero. Nuestro amor por la verdad invita a la vida con su poder de curar. Luego cada evento que vivimos se convierte en una buena experiencia. Aún en la mitad de la tormenta es posible preguntar si es necesario ser castigado por la sensación de incertidumbre. Esta pregunta invita a la verdad, a dominar el dolor como primer paso a la libertad.

La luz nueva que revela y cura viejas aflicciones

No se necesita mucho esfuerzo para ver cuanto sufrimos. Sólo mire las personas a su alrededor o lea las noticias en el periódico; el corazón de las personas está dolido. Aún más, si pregunta a la mayoría de la gente acerca de sus vidas, le mentirán sobre sus confusiones e infelicidad: "No, todo en mi vida está bien", le dirán "mi vida es perfecta y aún tengo muchos planes por realizar, todo es estupendo a mi alrededor".

A menos que aceptemos la realidad de nuestra vida nada va a cambiar, todos padecemos de sufrimiento, rabia, duda, ansiedad sobre el futuro y remordimientos sobre el pasado. Los temores que sentimos son el producto de nuestra experiencia pero todos percibimos el mismo miedo. Tratamos continuamente de esconder estos sentimientos de los demás y de nosotros mismos, como disfrazándonos con máscaras para dar otra imagen. Con frecuencia señalamos personas que parecen tener sus vidas en orden, y decimos: "Mira a Carlos, a él le está yendo muy bien, nunca se enoja y mira como ha triunfado". Y nadie sabe que Carlos vuelve a su casa todas las noches a beber alcohol para olvidarse de sí mismo o se entierra al frente de la T.V., que él se atormenta así como a su familia de una forma sutil que nadie puede reconocerlo como realmente es.

Por un lado preservamos nuestras máscaras para evitar responsabilidades encontrando una causa externa o nuestra infelicidad; culpamos nuestra depresión por la acción de alguien malintencionado o sencillamente por el clima o justificamos nuestra rabia debido a la estupidez de alguien más. Nunca nos preguntamos el por qué reaccionamos así, si es que nos sentimos así todo el tiempo o sólo sucede cuando las circunstancias son propicias para que esta reacción se manifieste.

¿Es necesario el dolor psicológico o podemos alcanzar un estado en nuestro ser más allá de las reacciones de castigo? ¿Estamos destinados a sufrir por la batalla interna que no deja ningún ganador, o hay un significado superior en la vida, uno que hace que todo tenga sentido? Las respuestas a estas preguntas es SI, ¡absolutamente SI!.

Si su sinceridad es total cuando se hace este tipo de preguntas, si desea una vida superior más que ganar batallas, hay algo que puede empezar a hacer para obtener respuestas concretas y reales que lo llevarán hacia la victoria interior. Así podrá hacer algo diferente con sus viejos temores.

Cómo ponerle fin a cada dolor

La próxima vez que experimente cualquier clase de dolor —la menor irritación, una muestra de rabia, un poco de envidia, algo de resentimiento— puede hacer algo que se tornará en una experiencia diferente. Vernon Howard, autor y maestro del tema de comportamiento humano nos explica un sistema fascinante extractado de uno de los libros de Guy

"Cómo triunfar sobre la ansiedad y los problemas". El escribe, que cuando el dolor se hace presente, no debemos pensar en el dolor de la forma que siempre lo hacemos. Debemos actuar diferente diciendo algo como "no entiendo el dolor". Cada vez que sienta dolor debe admitir que no entiende esa sensación. Antes pensaba que si entendía y creía que era causado por alguien o algo. Como resultado hizo cosas para acabar con el dolor, pero siempre regresa de una u otra forma. Ahora, admita que sus creencias pueden ser todas equivocadas y diga sencillamente, "no entiendo el dolor".

Vernon Howard lo explica de esta manera:

Cuando nos quejamos, lloramos, reclamamos, gruñimos y luego pensamos ¿cómo nos metimos en este problema? Nada va a cambiar. Con este ejercicio se está colocando en una situación enteramente diferente y por consiguiente recibirá todos los beneficios que este nuevo estado le brindará.

¿Le gustaría beneficiarse de no tener que tomar decisiones que lo preocupan durante todo el día? Sólo diga: "No entiendo —la crisis o el malestar que le acaban de llegar— pare de una vez por todas y pase todo un día sin entenderlo".

La mayoría de personas venden su alma a diario por el falso sentir de autocontrol. Cuando se tiene autocontrol verdadero nunca tendrá que buscarlo ni explicarse la razón de su ausencia.

Si tiene el arrojo de decir: No entiendo nada acerca de mi vida, su falso entendimiento se desvanecerá dando cabida al cielo mismo en su interior.

Este increíble método funciona cambiando la relación fundamental entre el dolor y la verdad que nos puede liberar. Esto significa que hemos luchado batalla tras batalla contra el dolor y ninguna de ellas ha sido la respuesta que queremos. Sabemos que nuestro fracaso ha sido debido a la mala interpretación del dolor, ahora no haremos nada al respecto. En esencia, dejando que la verdad domine el dolor, queremos ver la realidad del dolor para podernos deshacer de ese sentimiento y por lo tanto sucederá.

Que descanso. Ahora no tenemos que pretender nunca más que somos sabios y fuertes. Ahora hemos enviado el dolor en la dirección correcta donde puede ser controlado por algo distinto a nuestras viejas soluciones al dolor. Esta es una importante revelación que nos muestra la relación correcta con la verdad.

Cuando manejábamos todo a nuestra manera, lo que hacíamos era perpetuar el dolor. Ahora no queremos que pase esto nunca más, pero también sabemos que nuestra mente no conoce otra respuesta a los retos que enfrentamos cada día. Así que nuestra respuesta ahora es el silencio. Dejamos que la verdad se haga cargo de todo. Por sí misma nos muestra que nunca tuvimos que hacer nada con respecto al dolor porque nunca tuvo que ver con lo que realmente somos.

Henri Amiel, un brillante filósofo confirma nuestro descubrimiento:

Mi verdadero ser, la esencia de mi naturaleza, yo mismo, permanece inviolable e inaccesible al mundo de los ataques.

Entonces, por ahora, sólo recuerde lo siguiente: Admita que nada de lo que hasta ahora ha hecho le ha traído la paz que desea. El dolor siempre retorna, por lo tanto quizá usted no entiende su causa como siempre lo había pensado.

Para encontrar la solución, deje de hacer lo que hasta el momento ha venido haciendo y diga con honestidad "no entiendo este dolor". Luego espere las revelaciones excitantes que la verdad le mostrará y no escuche las voces falsas que tratan de acusarlo por haber tomado el camino fácil. Es totalmente lo opuesto. Tomamos total responsabilidad del dolor cuando decidimos enfrentarlo de una forma nueva olvidándose de los sistemas antiguos que no dieron resultado.

Después de la tormenta viene la calma

Hace muchos años un grupo de viajeros navegaban en un barco antiguo, construido de madera, cuando fueron sorprendidos por una tormenta en el mar. Empujado sobre un arrecife, el barco finalmente sucumbió y sus pasajeros lograron llegar a una isla desierta. En su desesperación por la suerte que habían tenido, discutían entre ellos y se culpaban unos a otros por la situación en que se encontraban. Al pasar el tiempo, se establecieron, construyeron refugios, se abastecían de los recursos que la isla les ofrecía y muchos de ellos se olvidaron de la clase de vida que tenían antes de llegar a ese lugar.

Hubo un hombre, lo llamaremos Joe, que nunca olvidó que la isla no era su hogar. Para él era imperativo hacer todo lo posible para lograr ser rescatados. Así que, todas las noches sin fallar, iba al punto más alto de la isla y encendía un fuego. El lo hizo por muchos años hasta que el resto de la gente en la isla empezaba a burlarse de él: "Nunca nadie verá el fuego" le decían. "Nadie nos va a rescatar. ¿Por qué no se establece aquí como resto de nosotros? La isla no es tan mala, deje de intentar algo sin sentido". Pero había algo que Joe no podía olvidar. El sabía que nunca podría ser feliz en la isla y el rescate era su única esperanza. Así que todas las noches, aún en las más tormentosas cuando el resto de la gente se refugiaba de la lluvia, Joe continuaba su tarea de encender el fuego.

Una noche, en medio de la tormenta más intensa que había azotado la isla, Joe tuvo dudas por primera vez de ir a encender la señal; era insensato el sólo pensar salir de su refugio. Pero a pesar del miedo, su voluntad fue mayor y salió una vez más en su diaria misión. El estaba calentándose las manos con el fuego cuando vio algo que le pareció imposible; una luz en la lejanía. ¡Un barco se acercaba!.

El corrió a llamar a sus amigos, pero ninguno quiso salir de sus refugios. La única que lo siguió fue su fiel esposa, quien durante todos esos años lo apoyaba en su tarea nocturna. Ambos corrieron hacia la playa donde seis hombres en un bote de remos los esperaban. "Vimos su luz desde el barco", gritó uno de los hombres, "súbanse rápido y los llevaremos a nuestro barco". "¡Esperen!", dijo Joe, "¡déjenme avisar a los demás!". "¡No tenemos tiempo!", gritaban los hombres, "¡la tormenta está empeorando. Sálvense ustedes y súbanse al bote inmediatamente!".

Joe sabía que no tenía sentido avisarle a los demás. Después de todos esos años, ellos no querían ser rescatados. El sospechaba que ellos disfrutaban del dolor y las dificultades de su existencia. Así que sin mirar atrás, la pareja subió al bote que los llevó de vuelta a su sitio de origen.

Y con respecto a usted, ¿no piensa a veces, que como Joe y el resto de la gente en la historia somos parte de una isla de confusión y de emociones tormentosas? ¿Que hemos olvidado que es posible vivir de otra forma? ¿Por qué gastar los días luchando contra las tormentas y construyendo refugios inadecuados cuando podríamos ser rescatados? Algo en nosotros nos dice que nunca terminamos de luchar contra las tormentas en una isla situada en una zona lluviosa.

Joe representa ese algo superior que sentimos existe al otro lado de la tormenta. Es la parte que sabe que la única esperanza es el ser rescatados y que es nuestra responsabilidad enviar señales para invitar al rescate. Luchar contra la tormenta resistiendo sus lluvias y vientos no hace nada bien. La verdad nos dice: "No resistas al mal". En lugar de batallar las tormentas de la vida, dirija su atención y esfuerzo en la dirección que verdaderamente le sirve a sus intereses. Busque ser rescatado por el verdadero entendimiento.

Sabemos que fue lo que Joe sintió en la noche de la última tormenta cuando pensó que el tratar de encender el fuego no tenía sentido. Era como una voz que le decía que no había razón para intentar el rescate. ¡Esta es la voz que no debemos escuchar! Es la voz de la falsa naturaleza, desesperada por continuar con su dominio. Hay una sola cosa importante y es ser rescatado. No importa cuanto tiempo se demore en llegar. Una vez llegue el rescate del entendimiento, el tiempo que tardó en llegar se convertirá en inmaterial; lo que importa ahora es que por fin va a regresar a su hogar.

Miremos que significa todo esto con un ejemplo práctico. Quizá un hombre está preocupado sobre su futuro. El cree que para sentir seguridad deberá acumular cierta cantidad de dinero y cada vez que siente que sus metas están en peligro, su reacción es de rabia y desesperación. Pero él ha venido explorando otras alternativas y por consiguiente decide hacer algo diferente con respecto a su desesperación; el decide admitir que no sabe que hacer y en lugar de su reacción negativa, decide encender una señal. Eso es, él está pidiendo una ayuda superior. Cuando la luz comienza a alumbrar bajo la tormenta, él se da cuenta que hasta ahora estaba exponiéndose a un tormento innecesario. Su miedo exigía algo que no se requería, haciendo que actuara de forma estúpida con respecto a su dinero teniendo a su alcance decisiones más inteligentes que tomar. Al tener el coraje de reconocer sus errores en sus creencias, le fue posible alcanzar una visión superior.

Busque el verdadero entendimiento en lugar de luchar contra la tormenta. Cuando tenga dudas sobre su sufrimiento, se dará cuenta que no tiene que seguir el camino tempestuoso.

El derecho de tomar sus propias decisiones

Hace muchos siglos, en el Lejano Oriente, un país fue afectado por una serie de desastres naturales como inundaciones y terremotos. Como resultado, el hambre, las enfermedades y la infelicidad se apoderaron de su territorio. El rey en esos momentos trataba de encontrar la forma de consolar a su población en su desespero y desgracia. Reuniendo todos los concejales y ancianos del reino, les dijo: "Mi gente ha sido herida de gravedad, ellos no entienden todas las dificultades que les viene afectando, tengo que decirles algo que les de consuelo y les ayude a superar los problemas".

Un anciano respondió: "Hay una gran verdad que logrará el efecto deseado. Dígale a su gente, ¡todo esto pasará!".

Estas simples palabras probaron ser la respuesta para los deseos del rey, así como lo es para todos aquellos que buscan el verdadero significado de las cosas. Ofrecen una ayuda incalculable en el entendimiento de la naturaleza de la vida y en especial de las cosas que nos afectan más.

La persona que logra entender el por qué las cosas tienen que suceder y por qué estas situaciones deben ser dejadas atrás sin huella de dolor, puede vivir plenamente en un mundo superior.

Todos estos significados profundos serán más claros en la medida que proseguimos con la investigación de este "enredado problema".

¿Se ha enojado alguna vez cuando trata de desenredar un nudo? ¡Claro que sí! Quizá no pudo amarrarse el zapato o se enredó la cuerda de pescar. Un nudo en estos casos puede ser especialmente difícil. Cuando está "peleando" con el nudo, se siente frustrado, pero si piensa con lógica, el nudo no tiene inteligencia propia con intenciones de enojarlo; y aún así, estará bajo su control. Es como sentirse a la merced de un nudo.

Como el nudo no tiene poder por sí mismo, ¿de dónde cree que viene el poder que lo coloca bajo la influencia del nudo? De un sólo lugar, su propia percepción. Su percepción sobre el nudo es el único poder que éste posee. El poder no está allí, está en usted. La frustración que le crea el hecho de no poder desatar el nudo no desaparecerá hasta que aprenda a separar la verdad de las cosas del poder que tienen. Es verdad que la cuerda tiene un nudo, pero no lo es que tenga poder. Es la percepción que le atribuye esta condición.

Frecuentemente nos sentimos bajo el poder de las cosas, sentimos que somos víctimas de un sistema social injusto, desigualdad económica, relaciones dolorosas y aún cuando el automóvil no funciona nos sentimos que somos víctimas de poderes oscuros sin poder hacer nada al respecto. Luchamos contra estas condiciones, pensando que estamos bajo cierta influencia "negativa".

La realidad es que estos eventos no existen en la forma negativa que las vemos si no es nuestra percepción que nos identifica de esta manera. El único poder que tienen es el que les damos. ¿Cuál es la prueba de todo esto?.

Alguien que esté observando los hechos podría no verlos negativos. Si separamos la verdad de lo que percibimos como el poder de las cosas, estaremos en la ruta de liberarnos de todas las cosas que nos molesta.

Su deseo de entender el dolor atendiendo su verdadera razón de ser, le mostrará donde romper esa conexión donde su vida le da el poder a ciertas situaciones que de otra forma no ocurriría. Si en realidad quiere ser libre, aún puede descubrir esa verdad en su pasado haciendo que sus preocupaciones pasadas desaparezcan hasta que eventualmente nada acerca de su vida tendrá el poder de molestarlo otra vez.

Usted puede vencer cualquier situación

Cualquier situación que experimente es en realidad una conjunción de condiciones diferentes. Si una de estas condiciones no se presenta, el evento deja de ser el mismo. Veamos un ejemplo práctico de lo anterior: Piense en una torta de chocolate. La torta resulta de la combinación de una serie de ingredientes. Si no utiliza una de ellas, la torta no será la misma. Si no usa chocolate, será una torta de vainilla, y así sucesivamente.

Ahora apliquemos este ejemplo en el campo de la psicología, quizá en la ansiedad que causa una relación amorosa.

La ansiedad negativa que es producida en el individuo es creada de diferentes elementos. Remueva uno de ellos y la situación cambiará. ¿Qué clase de condiciones podrían ser? ¿Podría tener los mismos efectos negativos sin que esta persona haya hecho lo que hizo? ¡NO! ¿Pudo ser afectado de igual manera si la persona que hizo algo no hubiera tenido cierta expectativa sobre la reacción de la segunda persona? ¡NO!.

Estas son algunas de las condiciones que crean los eventos negativos; el evento no es más que una configuración temporal de estas condiciones. Algo ha sido creado que parece sólido y real para la persona afectada por la ansiedad, pero la percepción de esta persona es uno de los elementos en esta condición pasajera que la hace traumatizante y dolorosa.

Para el individuo con ansiedad, por ejemplo una mujer, su percepción de esos eventos ha producido algo que ella le ha dado poder y ahora ella ve ese algo que tiene poder sobre su ser. Su percepción está directamente relacionada a la situación y debido a esta relación, la situación crece en poder por sí misma causándole más dolor. Ella no entiende que si su atención se dirigiera en otra dirección, el dolor que le causa perdería el poder sobre ella.

Todo esto nos lleva a un importante descubrimiento, uno que debemos negar si queremos ganar nuestro conflicto interno: De una forma u otra, y en diferentes niveles, tenemos una relación amorosa peculiar con nuestro dolor y sufrimiento.

Haga desaparecer
los eventos aflictivos

Quizás negamos la importancia de nuestras penas, pero por otro lado, pensamos en ellas todo el tiempo. Todavía no hemos reconocido que el continuo pensar en eventos dolorosos como algo real, es una de las condiciones que los perpetúan. Remueva una de estas condiciones y el evento ya no existirá. Cuando dejamos de nutrir cualquier situación que parece controlarnos, el suceso pierde su ilusión de poder. En este momento se pierde también la creencia de que debemos rendirnos al castigo.

Lo anterior nos muestra que ningún estado o evento negativo tiene una existencia individual e independiente. Podemos liberarnos de la situación cuando entendemos la verdad sobre el poder que tiene en nosotros. Hasta ahora pensábamos desde el punto de vista de nuestro sufrimiento en lugar de pensar en nosotros mismos. Pero debido al entendimiento, podemos ver más allá del sufrimiento en lugar de ver a través de él.

Todo esto presenta una gran diferencia, como lo confirma el escritor Maurice Nicoll: "No sólo pensamos que muchas de las dificultades insolubles, perplejidades y preguntas sin respuestas existen debido a la clase de conciencia que poseemos naturalmente, y que un nuevo estado de conciencia nos hace reconocer su existencia, logrando desaparecer los problemas y estableciendo un nuevo entendimiento y relación con ellos".

Lo que experimentamos, es lo que produce la percepción y nuestra experiencia está compuesta de muchos elementos que por sí sólos no significan nada. Cuando la percepción combina y organiza todos estos eventos, los conecta entre sí de acuerdo a nuestras expectativas y deseos, es allí cuando la situación toma una clase de vida. Aparece como una identidad de forma permanente con el poder de causar daño. Pero eso no es así. Es sólo la conjunción de eventos que ha creado la dependencia, siendo nuestra percepción la condición primaria que les da poder.

¿Por qué es que no vemos todo esto? ¿Si la verdad es tan clara, por qué no la aceptamos sin objeción? Es porque nos hemos acostumbrado a vivir en conflicto, y no estamos seguros de nuestra identidad sin algo por qué sufrir.

Tan extraño como parezca, aceptamos la experiencia del dolor porque nos hace sentir real. Pero, ¿quién es el que se siente real? Es la propia negatividad, el enemigo íntimo.

Estas son buenas noticias para quienes queremos liberarnos de sufrimientos falsos y encontrar un entendimiento superior. Significa que todas estas condiciones que parecen reales y dolorosas son sólo la creación de una percepción falsa.

Nuestra creencia de que un suceso tiene la capacidad de herirnos, hace que la existencia del dolor continúe. Pero ahora entendemos que si dejamos estas situaciones por sí mismas, ellas desaparecerán. La expresión "todo esto pasará" nos revela toda su sabiduría. Todo evento pasajero se podrá dejar atrás en la medida que no pensemos continuamente en él. La torta de chocolate no puede existir como tal si omitimos uno de los ingredientes. En nuestra vida, tenemos que dejar de ser víctimas de nuestras malas interpretaciones. Interiormente podemos decirle al estado de sufrimiento "usted no está en control, sólo parece que fuera así". "Los nudos de mi vida que me tienen atado no tienen ningún poder fuera de mi propia mala interpretación. Pero ahora aprenderé a ver las cosas como son en realidad".

Ahora que sabe que estos eventos negativos no tienen poder por sí sólos, podemos alejarnos de esa percepción negativa permanente hacia algo que puede llamarse placer constante. Es lo mismo como ir en busca de la verdad.

Las cosas como vienen, se van. Es algo que tiene mucho de realidad, tanto en lo pasajero del dolor como en lo pasajero del placer.

Cuando las cosas se le presentan como permanentes, no es la verdad. Tome en cuenta la duda como algo razonable; basado en su experiencia descubra que aquel evento abrumador no tiene el poder que aparenta. Al cambiar su percepción, los ingredientes críticos de evento cambiarán y como resultado todo cambiará.

El universo es su aliado

Todos los días somos atacados con variedad de aflicciones negativas hasta el punto de convertirse como parte de la vida diaria sin que nos percatemos de ello; casi que aceptamos este sentimiento como un amigo muy cercano.

Estas sensaciones negativas pueden ser simples muestras de mal humor o ansiedad en gran escala como cuando nos concierne el estado de salud. Una de las mayores fuentes y causas de dolor involucra otras personas y el tipo de relación que llevamos.

Todos los días llega la tormenta. Hay días que la maniobramos mejor que otros, pero hay días que no tenemos solución y entonces todo se derrumba. Pero no importa cuantas tormentas enfrentamos o cuantas situaciones de caos vivimos en la mayoría de los casos, la gente se esconde detrás de sus máscaras disfrutando su verdadero dolor.

Piensan que todo está bajo control y que ese tipo de preguntas no van con ellos.

Una cosa de lo que están convencidos es que creen que su dolor y problemas han sido causados por fuerzas externas. Cuando las cosas empeoran, cambiamos la máscara de "todo está bien" por la de "estoy desesperado". La segunda es también una máscara y no una imagen honesta ya que la persona todavía sigue culpando su suerte a terceros sin tomar responsabilidad propia.

Todas esas condiciones pueden ser cambiadas pero sólo si admitimos que las relaciones sobre nuestra naturaleza son verdaderas. Debemos ver a través del corazón de la verdad para que su fuerza se convierta en nuestra fuerza también.

Podemos empezar por admitir que la tormenta viene y nos golpea todos los días y también tener el coraje de reconocer que debemos cambiar nuestra forma de vida. En este momento estamos dispuestos a preguntar a la verdad que nos muestre su forma ya que aceptamos el pasado como una equivocación. Lo correcto existe y podemos ser parte de ello cuando dejamos de defender todo lo que en el pasado nos ha hecho sufrir.

Piense en algo que lo ha perturbado hoy. Quizá se haya atormentado con la pregunta ¿debería o no hacerlo? ¿Se le ha ocurrido que aún esa pregunta es un dolor innecesario? ¿No es verdad que lo que realmente queremos es estar libres del dolor que experimentamos y aún el pensar esto nos causa dolor? O, aún más, ¿qué tal el dolor que sentimos, cuando nos preocupa lo que la otra gente piensa de nosotros?.

¿Nos hemos preguntado alguna vez por qué es importante lo que ellos piensan, o si lo que la gente dice realmente va a cambiar la relación con nosotros mismos? Nos disgustamos cuando la gente no nos trata en la forma que merecemos y fallamos al tratar de ver que el dolor que sentimos no tiene nada que ver con ellos sino que ha sido autocreado. Estas son las lecciones que nuestro sufrimiento puede enseñarnos. Cuando aceptamos la lección podemos ver que fuimos nosotros los que causamos la tormenta que creemos tenemos que batallar.

La experiencia de cada momento de nuestra vida es el reflejo directo de nuestra naturaleza. Nunca experimentamos nada que no surja directamente de nuestra vida interior. Todo en la vida siempre sucede de adentro hacia afuera; en otras palabras, lo que vemos, conocemos y percibimos es lo que obtenemos.

El dolor que sentimos al entrar a una habitación en el trayecto de la puerta a la silla es el reflejo de lo que hay en nosotros y no lo que vemos en las personas al frente de nosotros. Debido a que padecemos de ese sufrimiento, es una prueba de que no entendemos de que se trata el dolor, pero si lo entendiéramos, no toleraríamos su presencia en nuestro cuerpo psíquico.

La vida es un viaje muy especial donde cada día se presentan nuevas imágenes a nuestra insaciable percepción. En lugar de vivirla con plenitud, aceptamos un mundo infeliz creado por la equívoca apreciación. A pesar de esto, una de las maravillas de la vida es que podemos encaminarnos a un proceso de cura natural cuando nuestro deseo por un despertar consciente nos permite utilizar la verdad como una luz medicinal. Cuando esto sucede aún nuestras penas se convierten en algo fascinante porque cada una nos provee con la fresca oportunidad de aprender más sobre lo que hemos venido haciendo mal con nuestro ser.

Este nuevo conocimiento nos da el poder que necesitamos para cesar con el autoengaño para siempre.

El aceptar que hay partes de nosotros que están en contra de nosotros mismos nos puede afectar tremendamente. Pero cuando vemos que esas partes equivocadas nos han creado dolor y la falsa promesa de libertad, salimos en busca del verdadero amigo que va a acabar nuestro sufrimiento. Sólo la verdad está a su lado y cuando se vive con la verdad el universo entero también estará de su lado.

Nota especial

El dolor de saber que no sabemos que hacer,
sólo se siente una vez, mientras que el dolor que
sentimos al pretender que entendemos, vive con
nosotros por el tiempo que pretendamos.

Guy Finley
The Secret Way of Wonder

3

> *Usted no puede evitar que las aves*
> *de la tristeza vuelen sobre su cabeza,*
> *pero si puede impedir que construyan*
> *nidos en su cabello.*

Provervio chino

PASOS PARA ACABAR CON LA ENERGÍA NEGATIVA

La mayoría de nosotros tenemos la vaga sensación de que no importa que felices nos sentimos en un momento dado, el estado negativo no está muy lejos, esperándonos y apoderándose una vez más de nosotros. Cuando esto sucede pone en peligro nuestro trabajo, nuestras relaciones personales, nuestra condición espiritual.

¿Es inevitable vivir así? O ¿hay alguna forma efectiva para acabar con la negatividad? ¡La respuesta es SI! Hay pasos definitivos que se pueden tomar y todos ellos están basados en el continuo entendimiento de lo que realmente es la negatividad y el mal invisible que genera.

Se nos ha enseñado que debemos tolerar la negatividad. Caminamos en la punta de los pies alrededor de aquellos que están en estado negativo y aceptamos todas nuestras tormentas teniendo la esperanza que las podemos controlar. Los padres tratan desesperadamente diferentes formas de lidiar con los altibajos de los hijos y llegamos hasta mimar estos estados por un par de razones: La primera se refiere al amor y protección que sentimos por nosotros mismos; porque no conocemos nada más, aceptamos la negatividad como parte de nuestro ser, por lo tanto sentimos que debe ser defendida. La segunda razón es el miedo que sentimos en secreto. Tenemos miedo de la negatividad por la cual la rechazamos, según lo vimos en el capítulo anterior. La solución es entender la esencia de la negatividad y luego aprender como actúa en la oscuridad.

El entendimiento comienza cuando voluntariamente accedemos a actuar con más fortaleza con nosotros y en lo que hasta ahora nos ha creado dificultad. Muchas veces nos supeditamos sin oposición a cualquier emoción negativa esperando su desaparición, pero por el contrario nos coloca en un estado de sumisión una y otra vez. Podemos aprender a actuar mucho mejor en lugar de reaccionar automáticamente a la rabia, a la depresión o cada vez que el resultado de un evento no cumpla con nuestras expectativas. Empecemos por explicar las siguientes verdades:

— Verdad 1: **Negatividad en oposición.** Cuando nos encontramos en un estado negativo, nos oponemos a la vida en la forma como se nos presenta. Hemos marcado una situación como "mala"; pero en realidad la vida no está dividida entre bien o mal. La percepción que se tiene en ese momento no es la correcta.

— Verdad 2: **La vida es buena en su totalidad.** Los eventos en la vida son un reflejo de pautas y conductas superiores a nuestra capacidad de verlos. Su interés común está en el desarrollo y crecimiento, que percibidos de la forma correcta, nos ayuda a reconocer que el universo es un gran aliado invaluable. Cuando suceden cosas malas, no significa que el evento es malo por sí mismo, y debido a nuestra capacidad limitada de juzgar lo vemos en esta forma en lugar de ver la situación en su totalidad. La negatividad producida por nuestra incapacidad de juzgar nos maltrata y nos aleja de experimentar algo agradable.

— Verdad 3: **Cada vez que aceptamos un estado negativo, la claridad del pensamiento se oscurece y aumenta el nivel de conflicto en nuestro ser y con todos aquellos alrededor.** Con extrañeza aceptamos la negatividad porque nos da la poderosa sensación de quienes somos, y más aún, la valoramos porque hace ver nuestros límites fuertes y reales. "Yo me siento feliz" pensamos, "pero por lo menos se quien soy y lo que me espera en la vida". Pero lo que "conocemos" es una imagen falsa y lo que pensamos de nuestras vidas, es una batalla interminable para proteger algo que, para empezar, nunca fue real.

Una de las trampas que utiliza el enemigo íntimo es que algo que nos está destruyendo es bueno para nosotros. Si ve la negatividad como en realidad es, no hallará el momento de liberarse de ella. ¡Y usted lo hará!.

Sorprenda "los malos espíritus" en acción

Durante una de nuestras reuniones, Guy nos dijo que nos iba a contar una historia que nos haría desenmascarar la negatividad como la intrusa que es. Después de esperar afanosamente la siguiente sesión, la historia que nos contó cumplió con la expectativa.

Una tarde en uno de sus viajes, un vendedor decidió parar en un pueblo pequeño por el que pasaba en su diario manejar. Al instante notó algo inusual sobre el lugar; las calles estaban desiertas y todo parecía como en abandono. Muy pronto descubrió el por qué. Toda la gente se encontraba reunida en un carnaval que se celebraba en las afueras del pueblo. Sin tener nada más que hacer, el vendedor se dirigió hacia las afueras para participar de la celebración. En la medida que caminaba por las atracciones, notó que casi todo el pueblo se encontraba al frente de una exhibición en particular. Un aviso decía: "Por veinticinco centavos observe monstruos a través de este agujero". Intrigado, veía como cada persona se acercaba al agujero miraban y con miedo salían corriendo. Escuchando las conversaciones a su alrededor, era evidente que cada persona veía algo diferente. Llevado por la curiosidad, decidió ver los monstruos por sí mismo. Cuando fue su turno, lo que vio fue una bestia muy peculiar. Aún cuando lo asustó, al mismo tiempo se sentía fascinado y atraído por la imagen del monstruo. Cuando se alejaba sorprendido, notó que la gente volvía y esperaba el turno una vez más. El hizo lo mismo. Esperando de nuevo, el vendedor preguntó a un hombre parado junto a él, ¿desde cuándo el carnaval estaba en el pueblo? La respuesta lo sorprendió: "No estoy seguro, creo que hace tres años". Era increíble ver como toda esta gente había sido cautivada por esta imagen por tanto tiempo.

Guy interrumpió su historia diciéndonos que debemos ver las cosas que nos hacen temblar como algo que se repite en nuestro comportamiento autodestructivo muchas veces, a veces por años, y a veces durante toda la vida. Hemos estado abrazando algo dañino a nuestro ser por mucho tiempo sin saberlo. Luego continuó.

El vendedor sabía que algo extraño estaba pasando allí y que él no era inmune a la insólita situación, hasta llegó a pensar en extender su estadía en este lugar. Su interés había sido cautivado. ¿Cómo era posible que hubieran tantas criaturas y cuál era su poder de atracción? El decidió investigar.

Esa noche, después del cierre del carnaval, encontró la forma de entrar en la atracción más popular. Allí adentro, no vio nada más que su espejo. ¿Qué pasa aquí? Se preguntó al ver que el monstruo que la gente veía era el reflejo de sus propias imágenes. Cuando aún no salía de su sorpresa, un hombre viejo apareció detrás de otra puerta, era el celador del carnaval. "Increíble, ¿no es cierto?, dijo el viejo celador. El vendedor mudo del asombro, escuchaba lo que el viejo seguía diciendo. "Usted es la primera persona en el pueblo que se ha atrevido a ver de que se trata esta atracción". ¿Qué es lo que tenemos aquí?, dijo. "Es una clase de proyector mágico que revela las cosas que están pasando dentro de las personas". El viejo dejó de hablar por un instante y luego miró al vendedor por un momento fijamente a los ojos. "El espejo refleja los espíritus negativos que dominan las mentes y los corazones de los seres humanos". Claro que, continuaba hablando casi sin parar, "estos espíritus no tienen vida propia, ellos le roban la vida a los hombres y mujeres que logran penetrar". El vendedor se tambaleaba, él no quería escuchar nada más. Su perturbación llegó al punto en que gritó: "¡Esto no tiene sentido!" y corrió de regreso a su hotel. Ya en su habitación se dio cuenta que la calefacción no funcionaba, no había nada que comer y no tenía a quien reclamar. Al caminar alrededor de su habitación, la furia se iba incrementando. De repente se encontró parado al frente de un espejo y lo que vio fue algo horroroso.

Guy interrumpió la historia de nuevo diciendo que cuando estamos disgustados no nos gusta mirarnos en el espejo. No nos gusta mirarnos a nosotros cuando los espíritus negativos están sobre nuestro ser. Y confirmó de nuevo. El vendedor al verse en el espejo se conmosionó una vez más. Se dio cuenta que todo lo que el celador del carnaval le había dicho era verdad. El era también vulnerable a los espíritus negativos y a todo aquello que iba en contra de sus propios intereses. Ahora él sabía qué tenía que hacer.

Al momento regresó al carnaval para aprender más del viejo celador. El viejo le dijo: "Debe entender los espíritus negativos. Ellos no tienen vida propia. Ellos no son reales. Usted los hace reales. Ellos no pueden vivir sin su permiso". El vendedor protestó. "Yo no les doy permiso, yo los odio". El viejo sonrió y continuó hablando. "El odio es una de las formas secretas que usamos para aceptar estos estados negativos. Los odiamos porque pensamos que ellos son nosotros, en lugar de dejarlos pasar sin darles importancia. El decir "YO" a cualquier situación oscura sólo los hace más poderosos. Es decir, que debe parar de aceptarlos a través de pensamientos y sentimientos negativos".

Luego sonrió una vez como si se hubiera contado un buen chiste. "Creo que podría decir algo como *adiós* a mi YO negativo".

El vendedor estuvo el tiempo necesario para aprender las enseñanzas del viejo y con su nueva sabiduría, su vida se tornó en algo nuevo para él.

No deje que espíritus negativos se apoderen de su vida. Aprenda a leer a través de su engañosa y tormentosa decepción. Recuerde que el no querer sentirse mal es una forma de aceptar el mal sentimiento. Resistirse a la infelicidad es lo que da la fuerza a la vida. Por qué no intentar actuar en forma superior: La próxima vez que se sienta en un estado negativo como la rabia o la depresión, no luche contra esto. Por el contrario, permita que le suceda quedándose en silencio. Aceptando tal y como es sin desperdiciar su energía. Sorprenda los malos espíritus en acción y no deje que se apoderen de usted.

Indague qué lo está traicionando

Todos tenemos idea de quienes somos, cómo deben ir las cosas en la vida y cómo debemos ser tratados por los demás. Creemos que si todo sale de acuerdo a lo planeado, todo irá bien. Por otro lado, lo que amenaza nuestros planes es visto como un enemigo. ¿Quiénes pueden cambiar esos enemigos? La gente que no nos respeta de la forma que debe ser, un futuro incierto, momentos difíciles que prueban que no somos quienes pretendemos ser. Ahora, para protegernos de ataques que puedan venir de nuestros enemigos, dirigimos nuestras vidas por el camino que nos de más fuerza que el miedo que sentimos. Así es que trabajamos para ganar más dinero, excelencia, mostrar más inteligencia y todo aquello que nos haga sentir más fuertes de lo que pensamos, tiene el poder de hacernos daño.

Estas acciones nunca brindan paz permanente por la siguiente razón: El enemigo que podríamos dominar no existe. El enemigo está dentro de nosotros, es íntimo y es nada más que una creación del pensamiento natural sin investigar. Un ser en estado de miedo interpreta un evento neutral como un enemigo y toma las medidas necesarias para protegerse a sí mimo. Sin importar el resultado de la acción, la guerra continúa; por el tiempo en que el que teme vea enemigos, habrá siempre nuevos conflictos.

Miremos este ejemplo. Quizá usted está leyendo una revista, cuando se encuentra un artículo sobre las condiciones económicas en declive. De repente escucha una voz que le susurra al oído y que le envía una onda eléctrica hasta los dedos de los pies. Esta voz le dice: "¿Qué pasaría si las cosas se empeoran y pierdo mi trabajo?". Ahora este pensamiento corre a través suyo sin tener vida propia y podría ser inofensivo si lo dejáramos pasar como cuando escuchamos las letras de muchas canciones. Pero no. Al contrario, usted comete el error de aceptarlo con todas las emociones que lo acompañan. Acaba de ser poseído por el espíritu negativo. Parece real y siente como si estuviera bajo un ataque. Más y más pensamientos se adhieren a la situación y una nueva falsa imagen acaba de ser creada. Ahora una "estrategia defensiva" también ha sido creada y comienzan los planes agresivos para su protección. Algo tímido e inofensivo lo ha hecho caer en un estado de depresión. En cualquier caso, su día acaba de ser arruinado. Pero el evento en su totalidad, incluyendo el ser que sufre ahora, fue sólo la combinación de pensamientos, y nada más.

Cuando usted odia o tiene miedo de algo, está sólo reaccionando debido a un pensamiento, y esta reacción crea la sensación de que se ha convertido en alguien que odia y teme, atrapado en una batalla con un enemigo real. Nunca podrá vencer ese enemigo tan temido allá afuera, porque no existe. Es la creación de su mente, de su imaginación. "Estamos atormentados por el miedo que sólo nosotros, y no la naturaleza, creamos". Pascal.

Todo esto puede ser muy difícil de entender. Después de todo, pensamos que hay un enemigo real cuando esa condición económica nos lleva a ser despedidos del trabajo. Si, esto puede suceder lo que nos llamaría a tomar cierta acción práctica al respecto. Pero lo que vemos, no es sólo ese hecho. Lo que vemos es una serie de pensamientos conectados con la imagen que tenemos de nosotros. "Soy un fracasado" decimos. ¿Qué irá a pensar la gente ahora? Y así creamos las condiciones propicias en donde esa carta de despedida tiene el poder de decirnos quienes somos y lo que la gente va a pensar de nosotros. ¿Qué pretendemos hacer con nuestras vidas cuando estamos todo el tiempo luchando una batalla donde los contrincantes viven en nuestra mente? La forma como percibimos el evento se convierte en nuestra realidad. Cuando percibimos las cosas desde el punto de vista de la víctima, todo se convierte en el enemigo —un enemigo que hemos creado—. Cuando dejamos de ser las víctimas, podemos empezar a percibir la vida desde la verdad superior, y así los eventos toman un significado totalmente diferente.

El mensaje escondido en la calabaza mecánica

Esta es una anécdota que Guy nos contó un día cuando estábamos almorzando. Verá como se ilustran sus ideas.

Comienza diciendo que una vez, durante las festividades de "Halloween" decidió ir a comer a un restaurante con uno de sus amigos. Cuando entraron al restaurante se sorprendieron al ver una calabaza mecánica que se les vino encima haciendo mucho ruido, lo cual los asustó. No le tomó mucho tiempo en descubrir que la calabaza funcionaba como una puerta electrónica activada por medio de luz, la cual al interrumpirse hacia saltar la calabaza de la pared.

Después que descubrieron el secreto de su funcionamiento, lo que por un instante los asustó, se convirtió en un chiste que los hizo reir. Ellos se burlaron de si mismos y de la gente que iba entrando al restaurante y se asustaban del juguete mecánico. Esto sucede con la mente. Cuando un pensamiento se apodera de nosotros, de alguna forma se activa una respuesta mecánica en nuestro ser. Hasta que logramos entender que el pensamiento que nos asusta y la situación que se crea son sólo fragmentos que están pasando por nuestro sistema psíquico, no tenemos ningún control sobre la situación miedosa inicial y la falsa reacción como forma de rescate.

Una vez que logramos entender todo esto se nos presenta una alternativa. Cuando reconocemos que la amenaza nunca ha tenido el poder de hacernos daño, muestra respuesta automática del inconsciente no será de rabia, miedo o temor.

Sea más fuerte que cualquier influencia negativa

En la medida que nuestro entendimiento se expande en el territorio de influencias negativas, que hasta el momento nos han dominado, vemos con más claridad la fusión de poder. Nuestra victoria sobre esas influencias no llega después de derrotarlas en la batalla sino a través del reconocimiento de que nunca existieron.

Hasta ahora creíamos y temíamos a nuestros estados negativos porque pensábamos que eran más poderosos que nuestro ser. Cada vez que tememos a algo es porque pensamos que nos puede dominar. En la selva le tememos al león porque entendemos su superioridad y poder físico. Por el contrario, no le tememos a las hojas de las palmas por el reconocimiento de su falta de poder sobre nosotros. No podemos temerle a algo sin pensar que nos puede vencer. Pero en algunos casos, es la falta de entendimiento de una situación que nos hace atribuirle poder y por lo tanto temerle.

En realidad hay muchas cosas que sin tener poder, se lo atribuimos y nos causan miedo como resultado. Un ejemplo muy claro es la oscuridad. La oscuridad no tiene poder por sí misma para atemorizarnos, pero le tememos ¿por qué? La gente le teme a la oscuridad cuando algo más es agregado en la mente. Es la reacción entre los elementos adicionados que causa el miedo. Imaginamos cosas que "saltan" de la oscuridad que han sido creadas en el pensamiento.

Es lo mismo que los estados psicológicos negativos que tratan de apoderarse de nuestras mentes, como la rabia, el miedo al futuro, el qué dirán, etc. Atribuimos poder a estos pensamientos esporádicos y emociones, reflejándose luego en el comportamiento sumiso al estado negativo que nos causa desequilibrio. Supongamos que el estado negativo es la depresión. Nos rendimos al estado sumergiéndonos más y más en su dominio. Corremos de un lado a otro en la búsqueda de distracción. Pero el estado continúa presente sin importar lo que hacemos. Por el contrario, estas acciones alimentan el estado depresivo sin enmarcar solución alguna. Pero cuando se entiende el "por qué" del estado, estamos en poder de controlar y decidir.

Una de las lecciones más difíciles de aprender en el esfuerzo de ganar la batalla interior, tiene que ver con la verdadera relación que tenemos con los estados negativos. ¡Nos fascinan! ¡Es la verdad! Pero, ¿por qué los valoramos? La respuesta es sorprendente.

Valoramos los estados negativos debido al intenso sentido de apreciación que obtenemos de allí. Quizá es difícil de entender, pero la verdad nos mostrará la salida a la libertad. Nadie va a aceptar que alguien valore estados como la depresión, la rabia, la lástima o la tristeza. Como evidencia a lo anterior podemos recalcar la lucha que mantenemos en contra de estas actitudes. Pero esta lucha nos da la falsa impresión de importancia en la vida; la atención se enfoca en nosotros y nos hace sentir como en el núcleo de otra gran actividad. Mientras más luchamos, más valoramos estos estados frágiles ya que nos hacen sentir más interesantes y excitados. Nunca nos sentimos más fuertes que cuando tenemos rabia, estamos heridos o deprimidos. Por supuesto este sentimiento nos ha sido creado en falsedad; pero se "siente" real y por eso nos aferramos a él. El poder que le hemos otorgado se alimenta por si mismo y en retorno nos da un falso sentimiento de poder sobre nuestra vida. Como resultado estamos ignorando el verdadero sentimiento de la vida que podríamos experimentar si no estuviéramos controlados por lo falso.

¿Puede ver lo que hasta ahora hemos logrado? Hemos desenmascarado el poder secreto del estado negativo. Una parte de nosotros nos envía una sensación de realidad cuando es atacada por sentimientos negativos. Debido al valor que le da la acción negativa, la atención se enfoca en este estado, alimentando nuestra energía de vivir, lo justifica y lo

mantiene vivo. Todo esto es hecho a costa de quienes realmente somos. El entendimiento de la decepción nos da el
poder de lograr la victoria sobre estos estados, porque nos
muestra que si es posible hacer algo. Veamos que es lo que
ese "algo" puede ser.

El poder de disolver
cualquier estado negativo

La próxima vez que se encuentre en el camino hacia un estado negativo, su nueva conciencia y dinámica le dará el
"poder" de liberarse así mismo. Por ejemplo, quizá hay algo
que quiere hacer, pero tiene miedo de hacerlo porque tal vez
algo malo va a pasar. Puede ser como dar una conferencia al
frente de una gran audiencia. Hasta ahora había pasado que
no había otra salida que la de tener miedo, ya que de alguna manera el miedo lo protege de situaciones terribles.

Primero que todo, se pregunta el por qué el miedo lo
puede proteger, siendo que lo que teme es al miedo mismo.
También ahora puede ver que la razón principal por la cual
valora el miedo es por la intensa sensación de fuerza que
secretamente provee. Siempre ha dicho que rechaza esta clase
de sentimientos, pero ahora ve que su falso y vibrante ser interior es feliz de tener vida total, ¡aún cuando crea dolor!.

Ahora imagínese que se le ha pedido hacer una presenta-
ción frente a un gran número de compañeros de trabajo.
Todavía faltan semanas para el suceso pero los nervios ya se
han apoderado de usted, y se perpetúan con sólo pensar en
eso. Se da cuenta que no hay razón para esto y busca una
salida nueva. Su rechazo a este sentimiento no acepta que
los nervios lo dominen. En lugar los ignora. "Continúe

cuando se sienta asustado", dice Vernon Howard en su concisa instrucción cuando se encuentra con cualquier obstáculo que lo atemoriza. Esto significa, prosiga su camino sin poner atención a ese estado negativo. Usted está consciente que el nerviosismo está allí, esperándolo, pero no hace nada al respecto; lo ignora. Deje de alimentarlo con la energía de la vida. Como resultado su experiencia al dar la charla no es del todo traumática como su imaginación había tratado de decirle. Ahora sabe que con un nuevo entendimiento no hay necesidad de sentirse nervioso otra vez.

Este nuevo entendimiento puesto en práctica, es efectivo en cualquier estado negativo; desde la soledad hasta la rabia o cualquier otro que se nos presente. No pare a discutir o negarlo, sólo déjelo pasar. Usted puede hacer esto cuando logra entender que lo único que lo mantiene en relación con este estado es usted mismo. Realmente es así de simple, pero sólo si está dispuesto a dejar estos sentimientos atrás. Tenemos que dejar atrás el falso sentimiento que ve el estado a través de sus propios ojos y le genera poder. Tenemos que ver que los estados negativos no tienen nada que hacer en nuestras vidas y que no sucederá si no dejamos que se nos acerquen.

Tenemos que aprender que significa no estar relacionado con estados negativos y lo lograremos cuando aceptemos que la razón de ser que se deriva de esta sensación es falsa y sin ningún tipo de valor.

Cuando aparece un estado negativo, no lo resista ni se oponga, en lugar, sólo continúe con su vida como si nada hubiera pasado, como si no existiera, como si no fuera real.

Todos hemos experimentado esta sensación alguna vez. Quizá se sintió deprimido un día y en lugar de rendirse a la sensación fue a caminar. Como resultado se sintió mejor.

¿Por qué se sintió mejor? Porque sentirse mal fue sólo una trampa y usted sólo pasó cerca de ella. Ahora, aprenda la lección espiritual al respecto y verá como la puede aplicar a cualquier situación. Camine sin ponerle atención a los estados negativos y ellos desaparecerán.

Descubra el increíble poder de la atención

Una de las armas más poderosas que tenemos en nuestra lucha interna es el poder de la atención y puede ser ejercida a favor o en contra de nuestros intereses. Como ya lo hemos visto en este y en pasados capítulos, el uso erróneo de la atención puede agravar el problema. Pero ese mismo poder usado correctamente, nos puede revelar la verdad sobre cualquier situación y así conducirnos en el camino a la libertad interior.

Examinemos como trabaja el extraordinario poder de atención y como lo podemos usar para lograr un cambio verdadero. A través del mal uso de la atención, le otorgamos poder a ideas y emociones que en lo contrario no tendrían poder por sí sólos. Pero ¿Cómo sucede todo esto? Guy lo ha resumido en tres palabras: LA ATENCIÓN ALIENTA.

Cuando la atención es dirigida tiene la capacidad de revestir una idea de vida y energía. Donde quiera que coloque su atención, le da vida a la semilla del pensamiento. Usted puede ver como funciona todo el tiempo. ¿Alguna vez le ha sucedido que ha tenido una idea y pronto descubre que alguien conocido tuvo una idea similar casi que al mismo tiempo? Parece como si al ponerle atención a su pensamiento le hubiera dado vida y movimiento hacia otra persona.

Todos hemos pasado por la siguiente situación: Cuando miramos a alguien fijamente, notamos casi de inmediato que esa persona nos está mirando también. Es como si el poder de atención tuviera un imán poderoso que atrae.

Este poder puede ser usado para bien o para mal. Cuando es puesto en práctica como herramienta de autoobservación es considerado beneficioso; pero cuando opera inconscientemente para reforzar ideas que nos pueden dañar, se convierte en una barrera de fuerza natural que opaca el amor y la felicidad.

En todo momento nos encontramos al borde de una vida mejor completamente diferente. Si nos volvemos concientes de la verdadera causa de nuestra infelicidad, podremos dirigir la atención lejos de ese foco inconsciente. En ese momento algo superior nos guiará en el uso del poder de atención para nuestro provecho verdadero.

Pero primero tenemos que ver como la atención mal dirigida nos puede afectar. Quizá nos viene a la cabeza el pensamiento de un problema que nos ha venido molestando por un buen tiempo. El pensamiento toma una forma interior lo define y lo nombra "causa". Cuando el pensamiento se produce, la mente le otorga atención, se crea movimiento y en ese instante se le ha dado vida —y la vida que se le ha dado es su propia vida—.

El siguiente es un ejemplo de cómo esto puede suceder: Un hombre camina por su oficina cuando su jefe pasa por su lado y lo mira con indiferencia. El pensamiento que se le viene a la cabeza es que su jefe lo está criticando o no le es de su agrado. El enfoca su atención en el pensamiento haciéndolo más fuerte. Y se ha hecho una idea de lo que el jefe piensa de él. La idea crece y lo atormenta el resto del día causándole una reacción negativa con su familia cuando regresa a casa. Un "mal espíritu" ha sido credo basado en una rápida mirada y la atención mal dirigida.

Lo increíble es que todo el drama se ha llevado a cabo en el interior del hombre, y lo que es aún peor, él no ve el origen verdadero y por el contrario, cree que ha sido iniciado por alguien más; su jefe inconsciente y desconsiderado. Ahora el hombre trata de combatir esos sentimientos alegando con su jefe, ya sea en voz alta o en su pensamiento. Pero esto no funciona. El le ha dado vida permitiendo que su atención se dirija en esa dirección. Mientras más se resiste, más se incrementa; mientras más se incrementa más se resiste. La situación se empeora, y lo que es aún peor, él está convencido que todo ha sido causado por una influencia exterior.

Nada cambiará hasta que él entienda que su atención le dio vida al pensamiento que ahora lo ha afectado notoriamente. Sólo al lograr comprender todo esto, él conseguirá poner en práctica su más poderosa arma. La Atención.

Nueva vitalidad en el despertar de la atención

Ahora que entendemos que la atención toma vida, la solución a nuestros problemas es evidente. Debemos utilizar nuestra aguda atención para descubrir pensamientos innecesarios para rechazarlos con nuestro consentimiento.

Sufrimos debido a que toleramos inconscientemente pensamientos negativos. Les hemos dado vida con nuestra energía por lo que les ha permitido dirigir nuestro comportamiento, llevándonos a la discusión, la rabia, gastar dinero sin control, beber y miles de conductas destructivas.

Al ignorar el contenido de estos pensamientos, su vitalidad se acabará. Ni los rechazamos, ni los tratamos de cambiar. Hacer lo contrario provoca su fortalecimiento. El método de la no tolerancia es el acertado para ser el ganador.

En el momento que sentimos dolor, debemos identificar donde se encuentra nuestra atención. Podemos usar el dolor para mirar en nuestro pasado y ver por qué lo hemos consentido. Esta acción nos separa de la situación y así podemos ver donde se encuentra la atención.

Vemos como activamos pensamientos negativos, sufrimos porque pensamos en cosas que nos hacen sufrir, nos disgustamos porque pensamos en cosas que nos hacen dar rabia. Ahora llegamos a ese fascinante descubrimiento: Si por accidente le damos vida a un espíritu negativo, también podemos conscientemente quitarle la vitalidad.

A manera de ejercicio, cada día podemos "entrar" en el pensamiento y estar atentos a nuestras emociones en un momento indicado. Por ejemplo, cada que cruce una puerta, recuerde lo que en ese instante está pensando. Esta noche, cuando llegue a su casa y cruce la puerta de su habitación se dará cuenta que está preocupado por algo que tiene que hacer el próximo día. Pero también ya sabe que no hay razón de preocuparse por algo que todavía no ha de suceder y que el enojarse ahora no tiene sentido. El estar consciente le muestra que no es necesario tener estos pensamientos y el estado emocional que ha creado no es real. Su atención puede ser dirigida en otra dirección y el resto de la noche será para disfrutarla.

El conflicto interno llegará a su final sólo cuando nuestra naturaleza consciente determine la conclusión del proceso que causa dolor. En lugar de enfrentarnos al enemigo que no

podemos vencer, rehusamos conscientemente iniciar cualquier tipo de batalla. Sólo pasamos por su lado ignorándolo
y haciéndolo desaparecer ya que al no tener vida no nos
puede confundir.

Cuando nos deshacemos de los espíritus negativos, nuestra preciosa energía no se desperdicia en guerras inútiles.
Ahora nuestro ser está lleno de luz y verdadera energía con
la cual enfrentamos nuevas experiencias con entusiasmo y
curiosidad. La vida es completa cuando no estamos rodeados de enemigos que nosotros mismos hemos creado.

Nota especial

> *Nuestros pensamientos nos pueden instruir, aún
> sin saberlo, a aferrarnos a las dudas o a saltar
> en lagunas de depresión y tristeza. Y al no saber
> que hay alternativas, nos dejamos llevar. Lo que
> no sabíamos hasta ahora, pero lo estamos
> aprendiendo, es que podemos despertar en
> medio de este conflicto mental. Trabajando con
> autoobservación podemos ver que en realidad
> estos pensamientos que nos comprometen son
> sólo eso: Su dirección inconsciente no tiene que
> ser nuestro destino.*
>
> Guy Finley
> *Freedon From The Ties That Bind*

4

> ¡El verdadero descubrimiento es por sí
> mismo una experiencia purificante!
> El alma necesita descubrir lo que hay
> en el interior. La naturaleza necesita ver
> en sus entrañas, de qué está compuesta,
> desde su mismo principio.
>
> — Jeanne Guyon

CONOZCA Y DERROTE
AL ENEMIGO ÍNTIMO

— **Nota al lector:** La información a continuación es ciertamente revolucionaria. Después de muchos años de estudios psicológicos y espirituales no he encontrado mejores explicaciones y soluciones a toda la confusión e infelicidad que caracteriza la condición humana. Es posible que tampoco usted haya leído algo parecido a lo que sigue.

Guy sugiere que la mejor forma de aproximación a este extraordinario material es leer todo el capítulo sin parar, como una visión global del tema. Para ayudarlo (a) a preparar terreno para lo que promete ser un descubrimiento maravilloso sobre la naturaleza secreta del enemigo íntimo, déjeme contarle sobre una experiencia que viví.

E.B.D.

Cuando tenía como 12 ó 13 años, leí un libro que tuvo una tremenda influencia sobre mí. Se llamaba *Pride and Prejudice* (Prejuicio y orgullo) por Jane Austen. Desde el momento en que leí las primeras páginas quise ser la heroína de la novela, Elizabeth Bennet. Su instinto y agudeza, su inteligencia y habilidad de conquistar el orgulloso pero noble Mr. Dancy, me dio la idea precisa del carácter femenino. Durante esos día debí leer el libro como una docena de veces. Por su puesto, cuando fui creciendo, las experiencias que tuve fueron muy diferentes a las del libro. Nunca me convertí en Elizabeth Bennet, y su imagen fue relegada a lo más profundo de mi memoria.

Años después, la cadena de televisión B.B.C. de Londres produjo una serie dramatizada en seis partes sobre este libro. Compré los videos y estuve dos noches sumergida en aquel mundo que había visitado cuando era niña e impresionable. Fue increíble. Pero lo mejor estaba todavía por venir. La segunda noche después de que guardé los videos tuve una asombrosa corazonada. Yo estaba sentada en mi silla favorita, terminando una taza de té sin estar pensando en nada ni en nadie en particular, cuando de repente se me vino a mi mente ciertos asuntos viejos y conmovedores sobre mi familia. Una extraña melancolía se apoderó de mí. Estando familiarizada con estos temas, inmediatamente tuve la curiosidad de lo que me estaba pasando y traté de recordar aún más en mi pasado para así poder hallar el origen de esa melancolía. Fue allí cuando me di cuenta, con asombro, que me había convertido otra vez en aquel ser que conocí cuando era niña queriendo llegar a ser la heroína de la novela. En ese momento comprendí que el tiempo había sido sólo una ilusión. Esa persona con todas sus esperanzas, sueños y temores estaba tan viva en ese instante como en todos los años que ya habían pasado. Ella nunca había desaparecido. Había permanecido escondida en mí, esperando la señal de su aparición. Ahora no tenía ninguna duda. Ese sentimiento que se creó en mi ser al leer el libro muchos años atrás estaba presente en mí, dirigiendo mis emociones y mandando en mis pensamientos.

Pero ¡un momento!, quizá usted esté diciendo ahora "¿lo que nos quiere decir es que hay diferentes personas en nuestro interior y que ellas se turnan para controlarnos?".

¡Sí! Eso es exactamente lo que estoy diciendo, pero es importante que no nos adelantemos en la lección. Sin embargo, aún cuando mi idea le parece extraña, esa insospechada multiplicidad de caracteres es verdadera en todos nosotros. Usted lo puede comprobar por sí mismo y, si en realidad desea encontrar la verdadera libertad, su comprobación será necesaria. El siguiente parágrafo aclara un poco las cosas:

¿Ha comprado algo alguna vez que cree que de veras debe tenerlo? Cuando llega a casa no puede imaginar en qué estaba pensando cuando hizo la compra, lo que acaba de comprar no le gusta de ninguna manera. Hay personas que le llaman a esta reacción "Remordimiento de Comprador". Es lo mismo que pasa con los sentimientos hacia otras personas. Creemos que estamos enamorados de alguien el lunes, pero el martes ya nos hemos cansado y nos aburre, el miércoles nos enamoramos de nuevo. La ropa en mi closet la tuvo que haber comprado alguien más porque cada vez que quiero ponerme algo no encuentro ropa que me guste.

Yo sé que usted puede tener muchos más ejemplos. Nos gusta pensar que somos gente estable, pero cuando nos examinamos detalladamente, nos damos cuenta que somos "movidos" de un lado para otro en nuestro interior, cambiando de personalidad más fácil de lo que cambia el tiempo antes de una tormenta.

En mi propia historia sobre revivir mi niñez al ver la película, esa cierta personalidad que ha vivido en mi ser desde que tenía esa edad, regresó a la vida cuando las condiciones necesarias se presentaron en el momento indicado. Y por unos minutos esa personalidad estuvo en control, experimenté la misma sensación de éxtasis y sentí que mi vida entera estaba aún por descubrirse.

La revelación que nos trae el éxito verdadero

Entender que somos una multiplicidad de personalidades es esencial para reconocer y derrotar al enemigo íntimo. En una de sus reuniones con un grupo de estudiantes, Guy ilustró esta extraordinaria verdad con la siguiente historia:

Cuando el "insumergible" crucero "Titanic" chocó con un insberg en su primer viaje, el barco no tenía suficientes botes salvavidas para todos sus pasajeros. Cuando la terrible tragedia fue evidente, el pánico se extendió por todos lados, y aunque algunos pasajeros mantuvieron la calma, muchos en la histeria, perdieron el control del más elemental comportamiento civilizado.

En una escena de la película sobre el desastre *A Nigth to Remember* uno de los comandantes del barco al ver que todos los pasajeros eran apoderados del pánico gritó aterrorizado:

"¡Sálvese quien pueda!" Esa era la frase que Guy quería enfatizar a su audiencia, "sálvese quien pueda" significa exactamente eso.

Aún sin esas películas conmovedoras todos sentimos, como las almas a bordo del barco en naufragio, que existe más de una persona en nuestro interior. Uno está gritando y corriendo sin importar lo que pase con tal de salvarse, mientras que la otra sabe que ese tipo de comportamiento traiciona el que una persona debe exhibir. El cuidarse a sí mismo nos recuerda que las cualidades de valentía, decencia y respeto deben prevalecer. Cuando el individuo pierde estas cualidades y el terror pasa a dominar, es una prueba que dadas las circunstancias, precisan la imagen de autocontrol y compostura hasta ahora no es nada más que una figura creada sin consistencia. Pretender que una imagen lo va a mantener en control en los momentos difíciles, es como esperar que un castillo de naipes lo va a proteger de una tormenta.

La segunda historia de Guy, se refería a un incidente que observó en un restaurante. En una ocasión se encontraba almorzando cuando vio a tres hombres en la mesa del lado hablando animadamente sobre ellos mismos. Uno de los hombres quien notoriamente manipulaba la conversación se admiraba de la clase de vida que estaba llevando. Cuando el mesero le preguntó si quería algo de beber, el exclamó en forma un poco pretenciosa a sus amigos, que sus problemas con el alcohol habían quedado atrás y que ya no bebía más.

Después que terminaron de comer, los otros dos hombres salieron del lugar dejando sólo al charlador. En pocos minutos otro hombre entró en el restaurante y se sentó en la misma mesa de aquel hombre, quien evidentemente había cambiado su expresión. El hombre que apenas unos minutos antes parecía feliz y en control, ahora se encontraba relatando cosas y eventos que lo disturbaban de su pasado. En la medida que continuaba hablando sobre sus problemas, se encontró de repente ordenando bebidas alcohólicas. Era como si hubiera olvidado quien era y lo que estaba hablando sólo unos minutos antes. En realidad se había convertido en otra persona en sólo un instante.

Guy explicó que ambas historias señalaban la importancia extrema, pero casi que olvidada, de una característica humana y su psicología. Nadie posee una personalidad única. Por el contrario, somos una pluralidad conformada de muchos seres pero convencidos que somos singulares.

En cualquier momento, cualquiera de estos seres puede tomar el control y mientras se mantenga allí, creer certeramente que es la persona en su totalidad. Pero en verdad, ninguno de estos seres es real. Cada uno no es más que la creación de condiciones temporales por lo que Guy lo ha definido como "La persona a cargo temporalmente" o LPCT. De un instante a otro nuestros valores y deseos pueden cambiar dependiendo de cual LPCT se encuentra al mando.

Una multitud de estos LPCT viven en cada uno de nosotros. Ellos son en esencia los ojos con que vemos el mundo y los pensamientos con que lo interpretamos, lo que nos trae a una importante anotación. Esta naturaleza pensante de miles de individuos nos mantiene, sin saberlo, divididos en miles de personas conflictivas. Y cada una de ellas trata de probarnos que es permanente y real creando conflictos con aquellos LPCT que se contradicen. Lo irónico es que cada LPCT ignora la existencia de los demás. Como resultado nuestra división interna se profundiza aún más creando más inconformidad inconscientemente.

Ya hemos conocido muchos LPCT en este libro, ellos son los espíritus negativos que luchan por controlar aquel territorio que no tiene existencia afuera de nuestra imaginación.

Es importante ver con claridad que nuestra naturaleza falsa es una multiplicidad que pretende ser una identidad singular. Este descubrimiento espiritual vital ha pasado desapercibido por una buena razón. Cuando un LPCT se coloca al comando de nuestra conciencia, trae consigo su propia historia en forma de memorias y emociones. Nosotros, mientras tanto, aceptamos y sentimos como nuestros estos pensamientos, identificándonos completamente con el ser a quien pertenecen.

El matemático y escritor P.D. Ouspensky nos explica esta insospechada condición psíquica:

> *El hombre no tiene un permanente e incambiable YO. Cada pensamiento, cada disposición, cada deseo, cada sensación dice "YO". Y en cada caso parece que no se le da importancia a que el YO pertenece a un todo, el hombre en su totalidad, y que un deseo, un pensamiento o un rechazo es expresado a través de este todo.*

De la misma forma, cuando pensamos en nosotros, creemos que las imágenes que vemos y los seres a que pertenecen son una historia completa. Pero si nos apartamos de nuestro ser por un instante, podemos ver mucho más sobre nosotros que lo que nos dice cualquier pensamiento ya definido. Por ejemplo, el "ambicioso" YO, con todos sus planes y expectativas, en su momento de soledad, no tiene conocimiento del "sin esperanza" YO, que con frecuencia le teme al futuro y puede aparecer en cualquier momento. Intente ver la verdad en todo esto.

Muchas veces nos equivocamos cuando miramos a alguien y creemos en lo que su ser nos revela en ese instante, y así es como nos sorprendemos cuando la persona que pensábamos era agradable y amorosa, se torna de súbito en malgeniada e irritable. Sin perder un segundo explicamos la discrepancia y decimos algo como "le debió de haber pasado algo, pero no sucederá otra vez". Pero vuelve a pasar ya que en las circunstancias ideales, el LPCT reaparecerá. La prueba de estas verdades está en la evidencia de nuestra propia experiencia y con los demás.

En la medida en que nos concientizamos de la multiplicidad de seres, ese mismo entendimiento nos lleva hacia el final de todas esas personas temporales que habitan en nosotros controlando nuestras vidas. Como resultado estas formas de vida comienzan a desaparecer trayendo consigo una sensación de paz que empieza a revelarse desde nuestro interior: La victoria en la batalla interna es lograda debido a su propia desaparición.

El trabajo interno del enemigo íntimo

Ahora que comprendemos un poco más sobre esas personalidades pasajeras que actúan y cambian en nuestro nombre de un momento a otro, podemos examinar un poco más a fondo la naturaleza de su origen.

Desde el momento que nacemos, acumulamos experiencias que moldean el desarrollo de nuestro carácter. Psicólogos expertos en el comportamiento humano llaman a este proceso "acondicionamiento". Ellos opinan que la experiencia basada en castigo y compensación, determinan en su totalidad el desarrollo de la personalidad incluyendo los valores, las creencias y las reacciones emocionales. Otros creen que ciertos factores psicológicos innatos, como la excitabilidad, modifica nuestras reacciones provenientes de experiencias y tiene un efecto importante en la personalidad que se está creando.

Ahora, según estudios de psicología mucho más profundos del que pretendemos aquí, los psicólogos conductistas proveen la descripción de una conglomeración de conductas y respuestas que saltan a la superficie de cada personalidad en el individuo. Estos elementos se han desarrollado por casualidad y sin ningún orden en particular; son cambiables y fragmentados e incluyen autoimágenes que varían de acuerdo a las circunstancias. Estos elementos no tienen una realidad permanente, lo que muchos científicos espiritualistas llaman "naturaleza falsa".

Para aquellos que analizan sus vidas sólo de una forma superficial, las reacciones que resultan de esta "naturaleza falsa" es todo lo que ellos conocerán de sí mismos. Ellos responden mecánicamente a las situaciones sin saber por qué lo hacen ni por qué cambian de un momento a otro. La confusión que los acompaña en su intento por vivir una vida real es constante y sin respuesta.

Lo irónico de todo esto, es que la gente no debe estar resignada a vivir esta clase de vida, pero al no conocer otra alternativa asumen ideas falsas sobre ellos mismos. Debemos aprender a ser diferentes como única salida hacia una vida plena de satisfacción.

Nuestra verdadera identidad, cubierta por todas estas características superficiales, está esperando el momento indicado para emerger. Es esa pequeña parte de nosotros invisible, capaz de observar cada cambio en nuestra naturaleza falsa con todos sus problemas y distorsiones que nos separan de una vida real. Hablar de esto sería adelantarnos sin necesidad en nuestra historia. Por ahora sólo es necesario entender que cada uno de nosotros poseemos una naturaleza falsa que actúa como un intermediario entre quienes somos en realidad y el mundo que nos rodea. Es la misma naturaleza que crea y nos coloca en estados de conflictos psicológicos, privándonos de experimentar la vida en su más alta expresión; nuestro verdadero ser.

Esta falsa naturaleza es el enemigo íntimo y su único poder sobre nosotros no lo comprendemos en su totalidad, pero muy pronto lo entenderemos y ese poder desaparecerá.

¿Quien está a cargo temporalmente de su ser?

Como ya lo hemos visto, cada uno de nosotros es manipulado por una falsa imagen que condiciona nuestra memoria, el temperamento y otro tipo de cualidades. Esa falsa naturaleza se enfrenta al mundo cada día, respondiendo e interpretando cada una de las fluctuaciones que suceden en el diario vivir. Es importante empezar a entender que esas condiciones cambiantes son neutrales. Pero la falsa naturaleza les impone su propio significado e interpretación y, aquello que se descubre ante nuestros ojos, es sólo una creación circunstancial de esa falsa imagen.

Aclaremos esta teoría un poco más, mediante un ejemplo: Si miramos el mundo a través de unos lentes verdes, todo lo que veremos tendrá ese color. Así mismo la falsa naturaleza, que es el producto de nuestro pasado, puede "ver" solamente el presente a través de los lentes de su experiencia. Al "reconocer" los eventos actuales basados en el pasado, hace su "interpretación" enviando al LPCT a hacerse cargo de la situación. El LPCT, que es una creación individualizada del falso ser, entra en acción a manejar la persona a través de esta circunstancia. Recuerde que esta circunstancia, cualquier que sea, es creada bajo una falsa interpretación. Este último punto vale la pena estudiarlo más a fondo. Leerlo varias veces le ayudará a lograr una interpretación reveladora.

Para aquellos desapercibidos, el evento puede parecer nuevo, al igual que su reacción; pero en realidad, ambos están basados en el pasado. Raramente, si es que alguna vez pasa, vemos las cosas como verdaderamente son, sólo a través de una interpretación que se le ha dado, y aún es más raro responder espontáneamente, como no ha sucedido en el pasado. Todas las formas de comportamiento que adaptamos para liberarnos en determinado momento nos hacen actuar según experiencias establecidas en el pasado. Es así como una y otra vez nos vemos atrapados en las mismas situaciones sin encontrar la solución adecuada. Y para empeorar todo esto, cada vez que se presenta un nuevo desafío, otro LPCT aparece, cambiando nuestro carácter y estado de ánimo en muy poco tiempo. Estos altibajos emocionales nos extenúan y confunden sin parar. Veamos el siguiente ejemplo:

Estando en la oficina, alistándose para ir a almorzar, uno de sus compañeros de trabajo viene y le dice que hay un error en el reporte que presentó la semana anterior. La expresión seria de su compañero y la palabra "error" le dan inmediatamente una respuesta condicionada de miedo. En la medida en que la naturaleza falsa responde, una personalidad temporal, un LPCT, se acaba de crear para interpretar su reacción emocional y se hace cargo de la condición de miedo establecida. Lo que le acaban de decir, que en realidad no tiene un significado emocional para usted, se ha convertido en una situación que en este caso, lo amenaza. El LPCT empieza a tomar una posición defensiva. Comienza con justificarse a sí mismo incluyendo a alguien más para culpar por el error cometido. Su jefe es el indicado ya que, la semana anterior, él lo presionó para terminar ese informe con rapidez. Ahora el LPCT, en estado de rabia, culpa a su jefe por la forma como lo trata y no toma en cuenta el buen trabajo que usted desempeña. Ahora está pensando como vengarse de él, hablando mal de su jefe. En este momento el LPCT está enfocado en su revancha y no ha hecho nada para resolver el problema original, el error en el reporte.

De pronto su jefe aparece en su oficina, sonriendo y felicitándolo por su buen trabajo. Ahora, y sin notarlo, un nuevo LPCT aparece en acción para recordarle sobre una invitación a su jefe para cenar en su casa. Todo esto parece completamente normal para usted aún cuando hacia unos instantes sólo quería poner en ridículo a su jefe. Cuando éste sale de su oficina, el placer se apodera de usted al pensar en el aumento que va a obtener. Este nuevo y feliz LPCT no recuerda lo nervioso y enojado que estaba el otro LPCT unos segundos atrás. Ahora está pensando que ese es su verdadero YO. Nada podría estar más lejos de la verdad.

Como le hemos mostrado en este capítulo, nuestras personalidades temporales cambian de un momento a otro sin que tengamos conciencia de ello. Una es feliz y la otra está deprimida. Una está alegre y la otra está aburrida. Como una hoja en el viento, nuestro ser y nuestro carácter es lanzado de un lugar a otro sin un ser central en control.

En cada uno de estos momentos, creemos con intensidad en cada uno de esos temporales "YO" y pagamos un precio alto por el mal entendimiento al dejar que los LPCT resuelvan los problemas que enfrentamos a diario. Por el contrario, no percibimos estos cambios bruscos de personalidad como temporales y creemos en cada uno de ellos, cuando están en control, es quien en realidad somos.

Lo siguiente, es otra verdad fascinante en su proceso de aprendizaje.

Cada LPCT se cree en capacidad de manejar cualquier nuevo reto, ya que siente que es independiente de la condición que trata de controlar. Pero no es así. En realidad, este ser temporal que intenta manipular sus decisiones nunca había existido hasta el instante en que las condiciones creadas lo hicieron aparecer ante los ojos de su mente. La condición que este ser está "viendo", cualquiera que sea, es así mismo como una respuesta condicionada; una reacción mental o emocional de un falso ser que rechaza o acepta las circunstancias de un cambio natural.

Es muy importante entender las condiciones a que vamos llegando poco a poco en este estudio como parte de un descubrimiento total en la victoria sobre el enemigo íntimo.

Cada vez que el LPCT hace algo para liberarse de un problema, confirma en secreto su incapacidad y el error inicial que ha creado esa situación. Esta aceptación inconsciente fortifica la falsa naturaleza aún más. Si la "situación" que se acerca es real, también será el sentimiento de no tener otra alternativa si no de convertirse en su víctima. Por ejemplo,

el hombre que culpa a su jefe por sus frustraciones en el trabajo, inconscientemente perpetúa su creencia de que él es,
y debe permanecer. Alguien que se siente bien por su trabajo en la medida que lo adulen por su buen desempeño. El
hombre es víctima inconsciente de su propia percepción. El
castigo que siente no puede cambiar hasta que él cambie su
forma de ver la vida.

Es obvio que el LPCT no puede solucionar la situación
creada, por el contrario lo ve como un problema. Esto nos
lleva hacia una importante consideración en nuestra investigación del enemigo íntimo.

No sólo el LPCT es incapaz de resolver la condición temporal; ¡esta falsa naturaleza requiere la continuación de este
evento para perpetuar su existencia! Aún cuando el LPCT
pretende resolver el problema, sus esfuerzos son en vano
porque siempre ve la causa del problema como un evento
externo; la verdadera causa del dilema se encuentra en la
falsa naturaleza y su concepción errónea del evento.

¿Puede darse cuenta cómo éstos nuevos descubrimientos
nos muestran la verdadera causa de los patrones que causan
problemas a diario? Al contrario, cuando situaciones agradables se presentan, el LPCT cree tener la habilidad de per-
petuarlo para siempre. Pero debido a que el LPCT ha sido
creado en respuesta a condiciones que no tiene control, al
cambiar la situación, aquella felicidad da paso a la frustración una vez más.

Cada LPCT que surge tiene aparente autoridad absoluta,
aún más, a veces podemos sentir que no tenemos control en
nuestras vidas y nos rehusamos a investigar el por qué. En
lugar, nos dejamos llevar por cualquier LPCT que esté a
cargo en ese momento. Sencillamente proclamamos no

saber que es lo que nos pasa. Culpamos a otra persona por la situación y por la forma en que estamos actuando. O también decimos odiar el LPCT del momento (quizá un mal hábito o un comportamiento compulsivo) y que el verdadero YO saldrá adelante. No importa que pase, la superestructura invisible del LPCT permanece intacta.

Cada LPCT es acompañado por una clase de programa psíquico especializado que lo sustenta con memoria, preferencias y creencias. Este programa permite su funcionamiento utilizando todo lo que esté a su alcance para justificar su comportamiento. Por ejemplo, cuando usted se siente triste y alguien lo disturba aún más, su LPCT genera una lista de insultos para explicar el porqué esa persona siempre ha sido un tormento. En un abrir y cerrar de ojos las verdades son distorsionadas para respaldar sus creencias siendo confirmado por el estado emocional del LPCT.

Este es otro importante testimonio para reflexionar que lo ayudará a romper la falsa autoridad de los LPCT. Cada nuevo LPCT sólo puede estar a cargo de su vida por el tiempo en que la condición de su nueva existencia continúe. En otras palabras, el LPCT no tiene poder de continuidad porque está formado por la conjunción de elementos externos y reacciones mecánicas externas. Comprobemos a continuación esta afirmación:

Supongamos que ha subido 5 kilos de peso. La falsa naturaleza experimenta culpabilidad y miedo de nos ser considerada atractiva otra vez. Un nuevo LPCT se presenta enviándola en una dieta evadiendo cualquier tipo de tentación. Pero cuando las condiciones externas cambian, una nueva respuesta es provocada. El LPCT anterior es olvidado por uno nuevo basado en las circunstancias actuales: Unos amigos la han invitado a salir a divertirse en un gran restaurante. El LPCT del miedo y la culpabilidad es reemplazado por el de la diversión "hambre" y placer. Estos cambios ocurren tan rápido e insospechadamente que usted no ve ningún conflicto con la dieta unas horas antes. ¿Recuerdan el hombre del restaurante que había dejado de beber alcohol?.

Cómo un despertar consciente lo lleva a la victoria

La razón por la cual nunca hemos notado que somos habitados por muchos seres, es porque nunca hemos estado conscientes de sus acciones.

La naturaleza que vivimos en el presente ha sido diseñada para mantenernos en la oscuridad aceptando estos seres ficticios y sin aprender a verlos como realmente son. En este instante somos ese LPCT que está a cargo de nosotros. Revelar la verdad sobre los cambios que ocurren ha sido siempre el foco de los estudios del comportamiento humano.

Cristo llamó esta falsa naturaleza "la primera", y como tal, "la primera será la última". El sufijo se refiere al "ser en comando". Psicólogos contemporáneos se refieren a esta identidad como al EGO, la persona y los roles que juegan en la personalidad. No importa que acercamiento se tome para explicar el LPCT, siempre hay un factor dominante: ¡El LPCT no es el verdadero usted! Lo que significa que no necesita luchar contra ningún sentimiento negativo que tiene acerca de su vida.

Su capacidad de estar consciente y precavido es mucho más grande que cualquier limitación creada por el LPCT.

Y en la medida que empieza a desenfundar esta arma poderosa de un nuevo estado de conciencia, no sólo el LPCT perderá el poder de confusión sobre usted, sino que empezará a desaparecer del todo. Este es el resultado que estamos consiguiendo.

Guy nos explica en su libro *Cómo triunfar sobre la ansiedad y los problemas* (*The Secret Of Letting Go*):

> *Liberarse de cualquier conflicto, cautividad o condición de castigo, debe ser seguido por un estado consciente del disturbio.*

El filósofo romano Marco Aurelio confirma esta teoría desde otro punto de vista. Él escribe:

> *Aquellos que no observan el movimiento de sus propias mentes serán por necesidad infelices.*

En otras palabras, no podemos ser libres de limitaciones hasta que reconozcamos lo que realmente son.

En este momento creemos que los LPCT son reales y que sus batallas con la vida son necesarias para protegernos del dolor. Pero cuando empezamos a identificar el dolor y su verdadero significado, vemos también que tenemos el poder de ser libres todo el tiempo.

Ensaye algo diferente en este momento que le dará un nuevo concepto en su relación con la vida con sólo incrementar su sentido de atención. La próxima vez que levante una mano al frente suyo, tenga consciencia de esta acción. Sienta su peso y movimiento. Ahora, sea consciente de usted mismo al estar consciente al levantar su mano. ¿Puede sentir como esto lo coloca en una relación diferente con todo aquello que lo rodea? ¿Cómo esto lo coloca en una relación diferente con usted mismo? Para empezar, antes que este estado de consciencia fuera adicionado en su mente, no había ninguna diferencia que discernir entre usted y el movimiento de su mano; pero por otro lado, con la atención como parte de su movimiento, ahora puede decir "estoy consciente de lo que hago en esta situación". Y ese nuevo estado de consciencia lo coloca en control.

Usted puede tener la misma clase de relación superior y controlar su naturaleza falsa con los LPTC que la componen. Este es el comienzo. Cada vez que pueda, esté alerta de cualquier LPCT y "véase" a sí mismo atento de la situación. Así no podrá permanecer inconsciente de su control.

Este estado de "verse así mismo" es el comienzo del verdadero autocontrol. ¡Pero esto es sólo el comienzo! La atención en usted mismo es una prueba de que el estar consciente existe más allá de su propio reconocimiento, y este descubrimiento produce algo que es el corazón de la transformación espiritual: Los primeros pasos en el proceso es ser capaz conscientemente de separarse de los problemas creados por cualquier LPCT.

En realidad, la única forma en que el enemigo íntimo, y los LPCT que crecen allí, pueden ser vencidos, es a través de un estado de alerta superior a nuestra consciencia. Los LPCT no son inteligentes por sí mismos, ya que al ser producto de pensamientos, son por naturaleza fragmentados y temporales. Lo que está en nuestro ser, es capaz de observar cada LPCT cuando aparece en cualquier momento y lugar. En la medida que estamos conscientes de cada LPCT, ese sentido de observación nos pone en comando de esos estados superficiales de cambio continuo produciendo la paz que siempre hemos buscado. Un profundo sentido de felicidad y confianza se apodera de nuestro ser sin que ningún LPCT lo llegue a notar. Mientras más conocemos y aprendemos del LPCT, más nos podemos defender de su comportamiento y emociones que nos comprometen en estados negativos.

Guy nos presentó el siguiente ejemplo para ayudarnos a tener un mejor entendimiento:

En una hoja escriba "autoanálisis de las características temporales de mi personalidad". En la medida en que aprende a observarse a sí mismo, escriba las personalidades que reconoce y que están a cargo de su comportamiento. Pronto tendrá una lista de diferentes caracteres que se turnan en controlar sus accions. Es importante que tome nota exacta de los diferentes "YO" que lo controlan en algún momento indicado. Con práctica reconocerá la naturaleza de cada LPCT, y luego cuando su consciencia lo mantiene más alerta verá como los LPCT no son de ninguna manera parte de la solución sino por el contrario la extensión del problema. Su creencia en ellos disminuirá y por consiguiente estará en el camino de vencer la batalla que se lleva a cabo en su interior.

El ejercicio anterior está diseñado para mostrarnos las contradicciones en nuestra conciencia y el castigo creado como resultado. Tenemos que identificar las señales en nuestro ser que nos dice que es real y que es sólo el producto de una mente confundida. El verdadero cambio logrado a través de la victoria se manifiesta cuando se deja de creer en algo que no es real y que, por comenzar, nunca existió. Es aquí cuando la fuerza superior, que siempre había estado presente, empieza a tomar su lugar para dirigir nuestras vidas en la dirección correcta. La felicidad siempre está al alcance de las manos, pero este cambio verdadero tiene un valor real.

Un proverbio antiguo dice: "Cuando se ve el ángel de la muerte acercándose hay un gran temor; pero cuando finalmente llega, hay felicidad".

Una parte del significado de lo anterior dice que creando la naturaleza falsa siente que está perdiendo poder, y por lo tanto su vida, saca a relucir su arma poderosa: El miedo. Pero usted no necesita ni debe dar un paso atrás. La falsa naturaleza negativa permanece en control para mantenerse con vida, y al ignorarla, su desaparición es inminente. Muy pronto verá que el miedo era innecesario porque lo que está muriendo en su interior nunca fue real.

Para apresurar este momento trascendental deberá pensar con más profundidad. Deberá estar dispuesto a enfrentar la vida con los ojos abiertos para ver las cosas como realmente son y no como el LPCT pretende mostrar. Su psicología deberá tener un desarrollo definido. El estar consciente de un ser superior es una acción voluntaria.

Por comenzar, enfrentar su vida sin las interpretaciones que hasta ahora han predominado parece aumentar su confusión, aún más, parecería que su situación se ha empeorado en lugar de mejorar, sin embargo, tiene que persistir. Esta confusión es una jugada más del LPCT para mantener el control. En este momento no sólo se encuentra en muy buena posición para vencer en la batalla, sino que es la única solución para un nuevo comienzo.

Ahora, cuando empezamos a creeer en nuestra vida nueva, aprendemos el significado de la verdadera compasión por nosotros y por aquellos que luchan por mejorar sus condiciones de vida. Al alejarnos gradualmente de la vida superficial del pasado, nos sorprendemos al ver que tan limitada visión teníamos hasta este instante. Ahora la realidad ha tomado control de nuestras vidas. Hemos descubierto que el enemigo en nuestras vidas era esa falsa percepción y sentimos que su partida ha sido definitiva.

Nota especial

Si vivimos sin descubrir quienes somos, y sin saber que hacer cuando aparezca el dolor, llegará el día en que la negatividad nos habrá afectado hasta el punto en que olvidaremos quienes somos en realidad.

Guy Finley
The Secret Way of Wonder

5

> *Usted tiene el derecho a no ser negativo.*
>
> Maurice Nicoll

ACABE CON LAS CONDUCTAS QUE CREAN DOLOR

Quizás ha notado lo siguiente: La infelicidad no es algo extraño en nuestros días, y como si las condiciones tristes no fueran suficientes por sí mismas, parece que se establecen más y más para hacernos sentir de esa forma. Cuando vamos a los mercados vemos que los precios siguen aumentando; cuando esperamos una llamada telefónica, el teléfono no suena; queremos algo con intensidad y no se lleva a cabo.

Estas muestras de dolor son tan frecuentes y comunes que aunque sean grandes o pequeñas, hemos llegado a aceptarlas como una presencia turbadora de la vida diaria, y la vida en sí parece corroborar esta conclusión.

Personas que parecen entender lo que pasa nos dicen: "Tenemos que aceptar lo bueno y lo malo" y también nos decimos a nosotros mismos en momentos difíciles: "Si no fuera por estos malos tiempos no sabría apreciar los momentos de felicidad". La realidad es, todas estas teorías no son más que mala propaganda. Ideas parciales que denotan realidad, son mezcladas entre falsas nociones que el enemigo íntimo utiliza para preparar su dominio y autoridad sobre nosotros y, hasta ahora, ese mensaje negativo ha dominado nuestras vidas. Afortunadamente este círculo de diferentes niveles de sufrimiento puede llegar a su final.

Pero, para romper esa conducta en nuestro comportamiento debe empezar con el conocimiento de como hemos venido enfrentando los problemas hasta el momento. Así que, permita que este nuevo conocimiento lo empiece a liberar de una vez por todas.

Haga que desaparezcan las sombras de su vida

En este momento ya todos sabemos que las cosas no siempre parecen ser lo que son. Pero por otro lado, lo que es casi desconocido es que muchos problemas que parecen en primera medida insolubles, sólo se presentan así por la intensidad de dolor que producen en una condición determinada. Ahora nuestros estudios muestran con claridad que la mayoría de nuestras conclusiones sobre lo "imposible" no son nada más que la percepción equivocada establecida por el LPCT en ese momento. Poder ver a través de esa percepción errónea es lo mismo que reconocer que cualquier dolor creado a raíz de esta condición, es sólo una ilusión.

El dolor psicológico que padecemos no tiene poder porque no está basado en realidad.

Recuerdo una tarde de domingo lluviosa en una de mis reuniones con Guy, cuando con una de sus ilustraciones nos revelaba el por qué sentir dolor es innecesario. ¿Se acuerda cuando era niño y acostado en su cama por las noches, sentía miedo de figuras extrañas que aparecían en la pared? Quizás le pidió a sus padres dejar la luz prendida por temor a monstruos de la oscuridad, y su padre riéndose, a pesar de su petición, lo obligaba a levantarse y ver a través de la ventana. Allí usted se dio cuenta que aquellas figuras monstruosas en la pared no eran nada más que la sombra de los árboles moviéndose por el viento. Su mente infantil entendía, aún sin la capacidad de explicarlo, que las sombras no eran nada real, y no había por qué tenerles miedo y que al prender la luz, las sombras desaparecían ya que las condiciones para su existencia no permitían que aparecieran. La sombra en sí no tenía el poder de afectarlo, pero el poder que le atribuyó le hizo dar miedo.

Ahora veamos como este simple pero extraordinario descubrimiento puede beneficiarnos si aplicamos su lección cuidadosamente a estas sombras psíquicas que llamamos sufrimiento.

En el capítulo pasado vimos como en cada evento de nuestras vidas, la falsa naturaleza inconsciente, automáticamente responde por medio de las interpretaciones creadas por el LPCT en cada caso en particular. Por ejemplo, si la falsa naturaleza siente peligro y amenaza, un LPCT agresivo y negativo verá todo bajo esta dimensión. Este nuevo "ser" sustenta y agrega nuevas ideas al "evento". Estos pensamientos quizá le dan tranquilidad sobre el pasado que creó esta condición o anticipa posibles consecuencias futuras. Cuando cada problema crece en magnitud como resultado de la atención inconsciente, nuestras respuestas negativas se multiplican con fuerza. Pero así, como la luz de la habitación opaca las sombras sobre la pared, la luz de la verdad tiene el poder de desvanecer todas aquellas sombras de sufrimiento que hemos creado sin conocimiento real.

Otro ejemplo de lo anterior. Quizá una mujer descubre que ha sido traicionada por un amigo. El LPCT relacionado en este caso sale a relucir de inmediato. Comienza a crear una situación en contra de quien la traicionó y escenas de revancha se materializan en su mente. Al mismo tiempo, otro LPCT aparece, por la sensación de dolor establecida, convenciéndose a sí misma que ya no puede confiar en nadie. Poco a poco el sentimiento de que ahora todas las personas pueden ser enemigos se convierte en realidad. Quizá otro LPCT recuerda escenas felices del pasado con la persona que la traicionó y genera un estado de tristeza y desesperación. Sin duda alguna, el dolor que esta mujer siente bajo el efecto de todos estos LPCT es genuino. Pero en conjunto, y en cada caso, es sólo una sombra en la pared. Veamos el por qué.

Supongamos que esta mujer ha venido estudiando y trabajando con teorías sobre superación personal. En su desarrollo individual, su actividad alerta ya no acepta los cambios repentinos de LPCT ni las conclusiones que se generan. En su lugar, ella decide esperar a ver que sucede en realidad con su situación. Una nueva visión le revela que aquellas voces que escucha en su interior son las causantes del dolor que está sintiendo. Procediendo con el nuevo entendimiento ella ve que aunque la traición causada por su amigo es motivo para reevaluar su relación con esta persona, el acto de que alguien la ha traicionado no es la causa de su estress. Ella ve con claridad que tanto el problema que enfrenta como el castigo son lo que son debido a su miedo inconsciente de ser traicionada por alguien. Y aún más, la razón por la cual ella siente miedo de la traición es porque hasta ahora, ella ha creído inconscientemente que las opiniones de la otra persona tienen el poder de engrandecerla o subestimarla. Al tener clara esta idea, la única parte de ella que perpetúa esta sensación es el verdadero traidor, su enemigo íntimo invisible. Más importante aún, ahora ella reconoce que esa falsa identidad en su interior que teme a la traición es tan falsa como aquella que causó que su amigo la traicionara en primer lugar. Su entendimiento sobre toda la escena del sufrimiento y el mundo de confusiones creado por el LPCT, se vuelve cada vez más clara. Así mismo crece su deseo de no vivir más tiempo en este mundo complicado y sin sentido.

Quizá ella no lo sabe todavía, pero ese simple deseo pertenece a otra parte de su ser que ya está conectado a algo infinito y poderoso; un verdadero ser que la puede ayudar a usar todas las traiciones de este mundo que simplemente no conoce la existencia del temor. Si, en realidad si hay una salida, y aquel ser interior en usted conoce el camino.

Descubra su nuevo ser con una nueva visión

Cuando nos encontramos en estado de sufrimiento casi todos hacemos lo imposible para lograr alivio. Casi que cualquier conducta es justificada cuando actuamos cegados por el dolor. Pero una nueva perspectiva en cuanto al dolor mental y emocional nos muestra que no es necesario ni debemos manejar la situación como lo hemos hecho hasta ahora. Lo que debemos hacer es incrementar nuestro conocimiento al respecto. Al lograr esa condición el temor sucumbirá y una sensación de libertad cubrirá nuestro ser. Seguramente habrán momentos que tendremos que afrontar de una forma práctica pero ante todo, no habrán batallas que luchar. Recuerde: Su verdadero ser no gana en la vida venciendo a los problemas, pero si cuando reconoce que en realidad nunca existieron como antes pensaba.

Ponga atención a lo que este descubrimiento puede hacer por nosotros. Siempre hemos creído que no habían muchas opciones fuera de aquellas que nos causan infelicidad la mayoría del tiempo. Ahora podemos ver que la verdad nos puede apartar de cualquier situación infeliz porque sabe que el sufrimiento psicológico es basado únicamente en la mala interpretación de ideas acerca de nosotros mismos. Esto puede ser difícil de aceptar. Dígale a alguien que su sufrimiento mental o emocional no tiene ninguna base, y su respuesta será la de empezar a sufrir ahí mismo, al frente suyo, justificando su estado emocional y que bajo estas condiciones no hay ninguna otra alternativa que el dolor.

Aclaremos estos conceptos: Muchas cosas han pasado y están pasando en este mundo que son difíciles de manejar; no hay duda al respecto. Los seres humanos constantemente se hieren unos a otros. La compasión, en realidad, parece que estuviera escaseando. Pero la verdadera clave de nuestro estudio de superación interior es que esos eventos por sí sólos, no tienen el poder de hacernos sufrir. Es nuestra reacción que nos envía, sin conocimiento, en un mundo desconocido y oscuro. Y donde reina esta clase de espíritus, también se encuentra el sufrimiento.

La prueba de esta revelación, que los eventos por sí mismos no son la causa de nuestro sufrimiento, se puede encontrar a través de muchos ejemplos en la historia de la humanidad. En todos los tiempos han habido aquellos que han superado grandes retos emergiendo más fuertes y con inteligencia superior para poder rechazar el sufrimiento experimentado en el pasado.

La siguiente historia real ilustra esta verdad: Hace algunos años, un atleta, joven y brillante, tuvo un accidente que lo dejó paralizado por completo. En lugar de caer en la desesperación, él inició una campaña para ayudar a otros atletas jóvenes en situaciones similares a sobrepasar sus tragedias. Cuando lo entrevistamos acerca de cómo el accidente había cambiado su vida y el trabajo que estaba desarrollando, él hizo algunos comentarios reveladores. El dijo que como resultado de su accidente, su vida había tomado una dimensión completamente diferente que nunca se había podido predecir. Su experiencia devastadora con el accidente había enriquecido su ser hasta el punto que si se le volviera a dar la oportunidad, él no cambiaría nada de lo que ya había pasado.

Este joven había aprendido la lección de una vida superior en lugar de haberse dejado derrotar. Debido a esto, él llegó a la conclusión de que un verdadero ser no estaba atado a su cuerpo físico o a su éxito al competir. Su aparente pérdida física le había abierto las puertas a un descubrimiento espiritual que lo había llenado con un gran significado de su ser más grande que cualquier trofeo que hasta ahora había ganado.

Aún cuando ante los ojos del mundo él se había convertido en una persona limitada, su universo se había expandido para sustentar una vida de libertad mucho más allá de lo que él había esperado en su estado físico anterior. Un suceso que había podido ser devastador para alguien con respuesta mecánica, o con la creencia en el sufrimiento, se había convertido en una vida noble para alguien quien tuvo el deseo de explorar una nueva vida.

Un viejo proverbio árabe sugiere el secreto detrás del triunfo: "La naturaleza de la lluvia es igual, pero hace crecer espinas en los matorrales y flores en los jardines".

Victor Frankl describió en su libro *Man´s Search for Meaning* (El hombre en busca de la respuesta), sus experiencias como prisionero en un campo de concentración nazi. Mientras que muchos sucumbieron a la cautividad, algunos fueron capaces de sobreponer esas circunstancias horribles al desarrollar una relación con su ser superior. Al romper los lazos que lo ataban a la crueldad e inconsciencia física en que se encontraban, ellos alcanzaron un entendimiento espiritual superior a la inhumanidad de sus verdugos.

Esa increíble transformación pudo haber parecido incompresible para aquellos que confrontan la injusticia en el mundo con rabia como única alternativa. Pero cuando cada uno de nosotros entendemos que todavía no hemos participado de la vida con su máxima expresión debido a la mala interpretación del mundo exterior, será entonces cuando apreciaremos la vida en su totalidad, buena o mala, en la búsqueda continua de nuestro verdadero ser en lugar de protegernos de él. La diferencia entre estos dos caminos está en encontrar lo que la vida ya nos está ofreciendo en su estado superior o la lucha durante toda nuestra existencia tratando de justificar nuestros actos.

Es cierto que el primer paso hacia un estado de vida superior es más difícil en el comienzo. Requiere que en lugar de aceptar nuestros problemas, investiguemos el por qué para descubrir su verdadero origen, ya que es la única forma de acabarlos para siempre. En lugar de esa caída sin fondo que llamamos sufrimiento, este primer paso provee pasos definitivos a la solución. Así que, avancemos un paso más en el camino hacia nuestro verdadero ser.

Por difícil que parezca, debemos empezar a dudar de nuestro propio sufrimiento. Esta nueva acción puede parecer imposible en un comienzo ya que nuestro dolor se puede sentir en realidad. Pero si podemos apartarnos un poco y desear ver la verdadera realidad de nuestra situación, nuestra profunda percepción nos mostrará como mirar el dolor en su esencia y que lo está causando.

Por ejemplo, cuando discutimos con la persona que culpamos por nuestro padecer, lo que hacemos es incrementar la angustia que a su vez fortalece la creencia de que esa persona es nuestro tormento. ¿Por qué no centrar la atención en nosotros mismos y así preguntarnos cual es la visión habitual de esta situación? Ahora, en lugar de aceptar respuestas trajinadas sobre el por qué debemos sufrir, podemos preguntar acerca de la necesidad del conflicto.

¿Por qué somos vulnerables al sufrimiento por algo que alguien ha hecho? Con sólo esta pregunta en nuestra mente, cualquier acción que esa persona lleve a cabo no será un asunto definitivo, lo importante es lo que está pasando con nosotros.

Enfocándose un poco más en esta parte importante de nuestro estudio, miremos dos formas comunes de sufrimiento que revelan su origen basado en la percepción equivocada. Primero, examinemos el sufrimiento insospechado que sentimos por la incertidumbre de la vida. Luego miremos el dolor inconsciente que creamos debido a las falsas responsabilidades en la vida diaria.

Una nueva percepción del dolor transitorio

Todos queremos sentir la sensación de saber que hay cosas con las que siempre podemos contar; que hay algo permanente en esta vida. Pero todo parece volátil a nuestros ojos: La gente, los hogares, los eventos, todo cambia. Y allí se esfuma nuestro sentido de seguridad, dejándonos una vez en la busca de algo que nos brinde un sentido permanente en nuestra existencia. Hay una cura para esta búsqueda interminable, es la espiritualidad. Algo que existe que no es temporal; algo que es permanente. Pero para encontrarlo, debemos primero que todo eliminar la creencia equivocada de las cosas que siempre nos han fallado en el pasado. Para ayudarnos a entender mejor el problema de inconsistencia y por qué el dolor que trae consigo es persistente, Guy nos presenta la siguiente ilustración la cual explica por qué quedamos "como en el aire" tan seguido.

Imaginemos un capitán de un barco en el siglo XVII, listo para zarpar en un viaje de negocios, en un barco que lleva un ancla falsa. El ancla parece real, su forma y su color, pero al ser lanzada al agua, su color desaparece y su forma se derrite en segundos, dejando el barco a la deriva, cerca de un banco de arena. La tragedia del capitán se convierte en felicidad del grupo de rescate que a su vez, y en secreto, es parte de una compañía que vende anclas falsas a dueños de barcos indeseables.

Si todavía no puede ver la conexión de como el LPCT ha venido "hundiendo su barco", la siguiente explicación le aclara esta noción.

Cuantas veces hemos llegado a pensar que por fin tenemos la seguridad de un trabajo, una relación amorosa, una nueva casa, sólo para darnos cuenta de repente que nada de eso era cierto. Aún la disculpa de la rabia que parece ser justificada, nos pudo hacer sentir más fuertes en algún momento antes de desvanecerse dejando un sentimiento de vacío y quizá de vergüenza. Aún cuando imágenes falsas, como el ancla del barco, no siempre nos orientan hacia situaciones negativas, a veces pretenden mostrarnos que si funcionan. De pronto la relación amorosa puede durar más tiempo, pero, de nuevo, la satisfacción no es permanente. Nuestra añoranza por algo más regresa, y nos dice que aún nuestra mejor relación no es la respuesta al vacío interno que se siente.

Es así que lanzamos más y más anclas al agua con la idea de que la siguiente nos va a rescatar en el momento indicado. ¿Existe en realidad esta clase de ancla que no se disuelve en el agua cada vez que la lanzamos a la deriva?.

Esa ancla permanente si existe, pero antes de que nos beneficiemos de su peso para sostener el barco, debemos romper con el ciclo de sufrimiento inherente en nuestra fe incuestionable de que —en la esperanza por seguridad— creemos en muchas anclas falsas.

No puede haber un ancla permanente en este mundo físico porque el mar del tiempo disuelve todo. Aún nosotros mismos nos disolvemos en el mar del tiempo. Esta no es una realidad que hay que tener pero si entender. Porque verdades como ésta son las que nos llevan a descubrir lo único que no es temporal; algo exactamente en el centro de cada uno de nosotros que no se puede separar y que nunca es sacado fuera de curso.

Anclese a una seguridad innaufragable

Algo permanente existe por encima del nivel actual de nuestra existencia pero muy raramente sentimos la seguridad del ancla verdadera en nuestro diario vivir donde pocas veces terminamos nuestros propósitos, o aún más, hasta el tema que se trata en una discusión. Cada LPCT nuevo nos provee con una nueva ancla falsa diciéndonos lo que tenemos que hacer para sobreponer el sentimiento de desorientación. El ancla se siente sólida en ese instante, pero cuando cambian las condiciones, un nuevo LPCT aparece en escena.

Sin embargo, no necesitamos seguir sufriendo por estas acciones sin sentido. En lo profundo de nosotros, más allá de los LPCT, descansa un sentimiento verdadero que es parte de nuestro auténtico ser. Esta conciencia superior es permanente y a su vez base sólida en su interior. Cada momento que podemos ver un LPCT en acción, nuestra conciencia alerta resalta y se queda en nuestro ser como algo permanente.

Guy nos dio ciertos ejercicios para estimular esos momentos especiales de conciencia superior: Por lo menos una vez al día trate de conectar sus pensamientos durante cinco minutos, en este corto período de tiempo sepa que es lo que está haciendo en su totalidad; así que algo que permanece en usted está consciente de cada cambio de pensamiento, lo que siente, y lo ve pasar en lugar de dejarse llevar por lo que piensa. En este momento del estudio en lugar de decir "YO" a cada LPCT, dígales "Adiós" en la medida en que cada uno se aleja de su estado de consciencia.

Tener un estado de consciencia permanente es el comienzo de un verdadero ser auténtico. Este estado superior encuentra claridad tanto en lo que está pasando como en el transcurrir del tiempo. No puede ser disuelto. En un principio puede ser difícil permanecer consciente por más de unos minutos a la vez. Pero aún con intentos fallidos, este nuevo estado de entendimiento nos brinda un bienestar que no se había considerado anteriormente.

Una lección importante se presenta cuando nos damos cuenta que estamos aceptando una nueva "ancla" que creemos nos dará la sensación de presencia para después ver como se disuelve una vez más ante nosotros. Pensábamos que esa relación amorosa nos iba a ser sentir bien en nuestro interior, pero luego nos sentimos inseguros una vez más. Luego fue el dinero el que nos ofreció la oportunidad de felicidad, pero no importa cuánto dinero acumulemos, nunca fue suficiente. Cuando aprendemos a identificar estos sucesos una y otra vez, podremos llegar a entender que los pensamientos acerca de nosotros mismos y lo que nos dice qué necesitamos para sentirnos seguros, no tienen valor real. Es así que poco a poco llegamos a concluir que no podemos pensar en nuestro ser como algo permanente. Pero si nos podemos ver en el momento de crear y desechar anclas falsas. Y este es un estado superior de conciencia que nos brinda la continuidad que hemos estado buscando. Estos instantes de magia interior no duran mucho tiempo y está fuera de nuestro alcance mantener este estado, es así que siempre tenemos la oportunidad de descubrirnos una y otra vez más. Vemos como problemas del pasado se desvanecen con rapidez y los nuevos no nos alteran como sucedía antes; así que el ancla nueva que nos da seguridad es el ancla pensante de la realidad.

Miremos ahora otra noción equivocada que causa dolor innecesario: La falsa sensación de responsabilidad.

Cómo cuidar de sí mismo de una forma efectiva

Si la siguiente afirmación no la ha notado en usted mismo, es fácil verla en los demás: Cada uno de nosotros parecemos llevar todo el peso de este mundo en nuestros hombros. La naturaleza de esta carga parece cambiar con la edad. En la juventud, sentimos el peso de tener que escoger la dirección en la vida. Como adultos sentimos la responsabilidad de todo lo que se percibe durante la vida activa: Intentamos controlar eventos, ganar aceptación, mantener relaciones personales y, en la medida que se encuentran soluciones para el éxito, se incrementan nuestras cargas. Luego, con la madurez alcanzada nos sentimos oprimidos por aquellas cosas que se dejaron sin terminar y por los errores cometidos a través del tiempo. Para resumir, sin importar la edad, tenemos la tendencia a sentirnos "sobrecargados" por lo que percibimos como responsabilidad para crear una vida; una vida que tenga algún "significado".

Hasta cierto punto, cada uno sentimos la obligación de llevar esta carga. Nuestra idea de responsabilidad es trabajar duro, luchar para aparecer importante ante los demás y ante nosotros. Es una misión extenuante con muy pocas recompensas reales. Y como la única presión real que existe es la que nosotros mismos hemos creado, la única forma de sentir alivio es quitándonos ese sentimiento de nuestras espaldas.

Para sorpresa, mucha gente retrocede con miedo a la sugerencia de que el peso que ellos mismos se han impuesto se encuentra en sus propias mentes. "Soy una persona responsable" dicen. "Es por eso que estoy sufriendo; en realidad mi sufrimiento es prueba de qué tan responsable soy".

Todos hemos escuchado quejas de este tipo, quizá nosotros hemos dicho o sentido esto alguna vez. Pero todo lo que hemos descubierto dice lo contrario. Las nuevas revelaciones nos dicen cómo no debemos sufrir por lo que hemos asumido como nuestra responsabilidad y que nuestra responsabilidad real es ver a través de todas las formas de autosufrimiento creadas. Miremos más de cerca esta condición contradictoria en nuestro ser.

Para comenzar, queremos que las cosas cambien. Este deseo por sí mismo es como creer que al estar ansiosos si va a amanecer o no, va a ayudar a que suceda. La vida es cambio, pero también queremos que el cambio sea lo mejor. Significa entonces, el tener que cambiar según nuestra noción de superación. Así tratamos de controlar lo que pasa, creyendo que la tensión causada entre la vida y nuestras ideas es lo que significa ser responsable. Pero hay algo que no encaja entre la mezcla de la vida y nuestro deseo vehemente que crece sin control. La razón de la presión diaria es porque la creemos necesaria para crear y llegar a ser alguien que verdaderamente vale la pena.

A pesar de todo este conflicto que creamos, no hay un estado permanente a la vista; sólo esa clase de sufrimiento peculiar que se presenta continuamente dándonos una sensación indeseable de que el sufrimiento es constante y permanente en la vida. Se mantiene así la idea de un continuo forcejear. Y cuando tratamos de cambiar nuestra vida en respuesta al malestar causado por la falsa imagen, los resultados son lo que Guy llama "autoreforma". Los cambios generados a través de la "autoreforma", son poco prácticos y pasajeros en el mejor de los casos ya que no tienen base en la realidad. Porque cuesta trabajo implementarlos y son causa de sufrimiento adicional; además las consecuencias creadas por la falsa sensación de responsabilidad no sólo interfieren con nuestras vidas sino que también afectan las personas a nuestro alrededor. La creencia equivocada que el comportamiento de otra persona es nuestra responsabilidad nos hace sufrir tanto como a la persona que intentamos influenciar de un modo u otro. Cuando nos damos cuenta de nuestro error, nos sentimos incómodos con la forma de manejar las cosas por medio de la llamada "autoreforma" y así buscamos otra salida para transformar nuestras propias vidas.

Rompa la cadena de la falsa responsabilidad

¿No le gustaría deshacerse de ese sentimiento de fracaso que lo persigue una y otra vez? ¿O qué tal perder el miedo por completo de lo que la gente piensa de usted? ¿Preocupado sobre su futuro? ¿No sería increíble dejar de sentirse responsable por los sucesos por venir? Si, es posible vivir sin todo este tipo de ansiedades y preocupaciones.

Cuando reconocemos la inutilidad de tratar de forzarnos en una clase de vida que creemos es la ideal, empezamos a entender que todo ese sentimiento de sufrimiento ha sido creado por nosotros mismos. Lo que alguna vez mal interpretamos como responsabilidad con nuestro futuro, ahora se muestra como una forma inconsciente de castigo en el presente. Esto no significa que no deberíamos tomar las medidas necesarias para lograr nuestro bienestar y el de los demás. Significa que debemos dejar de sentirnos responsables por el futuro pero al mismo tiempo debemos estar conscientes de su llegada. Debemos reconocer que de ninguna manera nuestro sentimiento de dolor puede influenciar positivamente cualquier acontecimiento por suceder, es así que debemos deshacernos de esa preocupación. Poco a poco empezamos a oír lo que la verdadera vida nos ha estado tratando de enseñar todo este tiempo.

Ahora es lo que realmente existe. El futuro no lo podemos controlar. Nuestra responsabilidad puede incluir alternativas acerca de lo que puede pasar pero no puede determinar el sufrir como resultado de nuestra opción.

Nuestra responsabilidad se limita a estar consciente del momento y permitir ser guiados por dentro del contexto de esa consciencia. Cuando aceptamos esta realidad sin refutarla, nuestras experiencias se convierten en situaciones que transforman. Cuando asumimos falsa responsabilidad y nos preocupamos por acontecimientos futuros, continuamos en un estado de autoreforma.

Pensemos de nuevo en el ejemplo del atleta que quedó inválido por un accidente. Si él hubiera continuado su vida según el plan que había previsto, su existencia hubiera sido devastadora. Rabia y frustración se hubiera convertido en su única experiencia. Pero, en lugar, él decidió dejarse llevar por la vida. El dejó que la vida le enseñara una lección de transformación y su tragedia se transformó en triunfo.

Descubra el poder que lo transformará

Cuando nos mortificamos debido a nuestras acciones, ese sentimiento negativo es el resultado de asumir una invisible responsabilidad. Pero en la medida en que nuestro conocimiento aumenta, nos revela que no hay necesidad de acarrear esos problemas que nos acongojan. Vemos como la naturaleza falsa en nuestro interior protesta diciendo que si no fuera por ese sentido de responsabilidad, no seríamos efectivos en nuestras acciones. La verdad es que podemos aprender a desterrar la carga falsa de dolor y aún así continuar con las tareas que llevamos a cabo diariamente. Y aún más, podemos ser mucho más eficientes.

No hay una relación necesaria entre responsabilidad y sufrimiento, o la creencia de que existe una conexión entre ambos, es errónea, basada en una lógica de autoreforma.

Decimos muchas veces: "Si ser responsable no me causa sufrimiento, significa que en realidad no me importa; pero yo soy responsable y mi sufrimiento es prueba de ello". En otras palabras, nos causamos sufrimiento y creemos que así somos alguien que en realidad vale la pena. Todo esto es mentira. Nuestro sufrimiento no nos hace reales, pero al ver a través de esta falsa ancla se revela una nueva realidad donde ser responsable, y real, son una sola identidad placentera del ser humano.

Ser una persona totalmente responsable no tiene nada que ver con ser alguien amargado. El sentimiento negativo y no la responsabilidad es el único peso que llevamos a cuestas. Creemos equivocadamente que podemos afectar lo que está pasando sólo con sentirnos mal por la situación en sí. Pero para determinar los resultados de cualquier situación, incluyendo nuestras propias vidas, es una tarea que requiere la verdad y la realidad como herramientas esenciales.

Ningún sentimiento negativo o de ansiedad debe afectar lo que en realidad deseamos. Esto significa que nuestra tarea, en cualquier instante, es enfrentar la vida con claridad y conciencia que refleja el entendimiento real y no los intereses "imaginados". Luego las alternativas se presentarán como resultado de esta acción reflejando que es genuino y beneficioso para nuestro ser.

Las decisiones que tomamos se presentan cada vez con menos esfuerzo ya que están tomadas básicamente bajo un nuevo concepto de entendimiento.

Ralph Waldo Emerson, autor, y estudiante a la vez, de temas de superación personal, comparte sus ideas con nosotros:

Al poner un poco más de atención a lo que sucede a diario en nuestro alrededor, nos damos cuenta que algo superior está a cargo de los diferentes eventos. Nuestro sufrimiento es innecesario e infructífero y sólo nuestras acciones simples y espontáneas nos hacen más fuertes. Ubíquese en la mitad de una corriente de poder y sabiduría y al ser tocado por esa energía que irradia todo lo que toca a su paso, encontrará que sin ningún esfuerzo, la verdad y lo correcto le brindará felicidad sin límites.

Comience a controlar su vida

Todo resulta a la perfección cuando somos responsables por aquello que ha sido asignado a nosotros, así como es sencillo descubrir la verdad sobre nuestras vidas y el papel que jugamos en ellas. Cuando procedemos de esta manera, las situaciones se desarrollan a la perfección y sin grandes esfuerzos ya que algo superior nos está guiando.

Así es que, cualquier cosa que nos quiera traer preocupaciones, ya sea un nuevo trabajo o una relación amorosa que no funciona, debemos dejarlas pasar para que "algo" más lleve el peso de la preocupación. Nuestra creencia equivocada de que debemos llevar la carga de nuestras vidas nos previene de una transformación hacia algo superior y un nivel más claro de felicidad. Podemos aprender a decirle a la verdad, o a un ser superior: "Usted encárguese del problema, manéjelo como pueda". Luego hacemos lo que parece ser lo más apropiado, nos cuidamos de la mejor forma posible y dejamos que lo que pasa naturalmente, se cuide a sí mismo. Recuerde: No estamos aquí en la tierra para hacernos reales a sí mismos. Nuestra verdadera responsabilidad consiste en descubrir que la realidad y nuestro ser son ya uno sólo.

Nota especial

Dude de aquellos pensamientos y sentimientos de ansiedad que intentan decirle que son un refugio en medio de la tormenta ya que su verdadero y único propósito es el de atraparlo en pleno torrencial.

Guy Finley
The Secret Way of Wonder

6

> *Una persona valiente no es aquella que no*
> *siente miedo, por más estúpido e irracional*
> *que parezca, pero si aquel alma noble que*
> *domina su miedo y con coraje se enfrenta*
> *al peligro y la naturaleza que lo ha creado.*
>
> Joanna Baille

SU VICTORIA INTERIOR
LO CONQUISTA TODO

Al avanzar en nuestro conocimiento y al alcanzar las metas en la vida que hemos creado, gradualmente nos fortalecemos para enfrentarnos contra cualquier evento que desafíe nuestra vida actual. Continuamente, y eso nos sorprende, desarrollamos una clase de entusiasmo que encara nuestras debilidades dándonos una confianza que no puede ser derrotada.

La victoria interior nos recompensa con recursos superiores que nos ayudan en todo momento. Aún cuando todavía hay batallas que confrontar, el final del conflicto está a la vista. Cada día que pasa, el poder del enemigo íntimo es debilitado por el conocimiento perseverante de la verdad. A pesar de lo que diga la falsa naturaleza, no hay nada negativo en aumentar nuestro grado de comprensión.

El YO que teme, por ejemplo, al ver como una situación o alguien le produce miedo, le dirá siempre no poner atención, y si ya lo ha hecho, que esa debilidad en usted no es aceptable, es algo de lo que hay que avergonzarse. Ese YO le está mintiendo. En realidad, cada parte de usted que quiere esconder alguna de sus debilidades no lo hace por su bienestar si no en contra de sus mejores intensiones.

Esta es la prueba. Cada vez que su enemigo íntimo lo convence de evitar una situación interna que lo puede vencer, lo ha hecho aceptar en secreto la idea de que esa condición interna que está eludiendo es más fuerte que usted. Después de todo, la lógica nos dice cómo no debemos escondernos de algo que no tenemos, así que si algo nos produce miedo, debe ser porque es superior a nosotros.

¿Puede ver la trampa en que hemos caído? Al aceptar que tenemos que evitar cualquier situación externa o interna, es lo mismo que aceptar la noción falsa de ser derrotados. Esta conclusión inconsciente tiene un sólo propósito: El miedo inconsciente que quiere permanecer en usted.

Tenemos que llegar hasta el punto de cansarnos de tener miedo. Esa sensación crece en la medida en que aprendemos más sobre la verdad de nosotros. Cada una de esas verdades es más poderosa que miles de mentiras sobre nuestras vidas a las cuales hemos sido condicionados a aceptar.

Sin la idea de derrota y sus consecuencias negativas no existe ningún miedo psicológico con poder alguno. Al olvidarse de esta noción, el miedo se desvanece sin compasión.

Como Guy lo revela en su *libro Freedom From The Ties That Bind* (Libérese de las ataduras que lo ciegan), la verdad es que la derrota no existe.

Nunca acepte la derrota

En la medida que tenga capacidad de aprendizaje, nunca debe sentirse atado a las derrotas del pasado. Nadie puede en realidad prevenir que alguien con el deseo de superación pueda tener éxito en la vida. La sabiduría siempre triunfa sobre la adversidad. Pero para ganar la verdadera sabiduría es necesario confrontar una batalla especial. Y en esta batalla su insignia debe decir "pero puedo descubrirlo". En verdad, sí podemos descubrir la realidad de las cosas. Quizá no sabe las verdaderas razones por las cuales algunas veces se siente preocupado, pero puede descubrirlo. Y quizá no entienda como ha sido posible ser tan ciego de las verdaderas intensiones de alguien cercano a usted, pero puede descubrirlo.

Tenga en cuenta estas tres palabras que son el símbolo de liberación y úselas para derrotar aquello que hasta ahora lo ha venido derrotando.

Las conclusiones anteriores nos ubican en una situación muy importante en nuestros estudios. Si es posible aprender y crecer más allá del sufrimiento autocreado en el pasado y el futuro, ¿cuál es la parte en nosotros que no desea ver el final de nuestra derrota?.

El nuevo conocimiento: Los pasos a seguir

Es evidente que físicamente crecemos sin ningún problema real de nuestra parte. Aprendemos a bailar, a hacer ejercicios y gimnasia, los modales sociales se desarrollan naturalmente. Nuestras habilidades mentales crecen también; aprendemos nuevos idiomas, expandimos el conocimiento, nuevas teorías, matemáticas y en general, todo se desarrolla de una forma natural. Sin embargo, en nuestro interior, la parte emocional por ejemplo, aún cuando aprendemos a cubrir los problemas de nuestros corazones y mentes, nunca superamos los mismos temores y frustraciones, dudas y preocupaciones. Y esta es la razón del por qué.

A diferencia de nuestro cuerpo, el cual se desarrolla bajo leyes mecánicas de evolución y puede alcanzar madurez sin ningún esfuerzo, el desarrollo espiritual no posee ese grado de evolución. El es voluntario, sin caer en equivocación, y requiere un esfuerzo y elección consciente de nuestra parte.

Un verdadero desarrollo y crecimiento interior es como una perla muy valiosa, un viaje muy largo, una búsqueda que dura de por vida. A cada uno se nos ha dado la oportunidad de emprender esta gran aventura interior, pero primero tenemos que reconocer la necesidad de llevarlo a cabo para lograr una vida plena de felicidad. Debemos desearlo con gran intensidad y luego tenemos que estar dispuestos a pasar por los inconvenientes inevitables que este especial crecimiento requiere.

Pero esta vez, al contrario del pasado, no estará sólo en esta nueva batalla que inicia. En lugar de enfrentar conspiradores secretos, como los LPCT, esta vez tendrá tantos aliados poderosos como desee, en la medida que acepte la verdad como algo real.

Ya no necesitamos experimentar la clase de derrotas que hasta el momento nos afectaban. Ahora existe una solución. Pero todo comienza con el desarrollo de un nuevo acercamiento a la vida, basado en un conocimiento superior interno.

Viva en armonía con la realidad

¿Cómo es que desarrollamos una nueva habilidad? Por ejemplo: ¿Cómo aprendemos a correr en una maratón? Quizás, escuchamos instrucciones, o vemos a alguien hacerlo, pero por lo general aprendemos haciéndolo tantas veces, y practicando hasta lograr el nivel deseado. Muchas veces en nuestras primeras prácticas cometemos errores en lugar de avanzar. Al hacerlo, no hay duda de lo que está pasando. Podemos ver y sentir que todavía nos falta entrenamiento, es así que intentamos nuevas técnicas y tácticas para lograr un mejor desempeño. Lo hacemos una y otra vez y seguimos cometiendo errores sabiendo que eventualmente nuestra autocorrección nos llevará al éxito que deseamos.

Estas leyes exactas pero elementales de aprendizaje son las mismas que se aplican al desarrollo espiritual y psicológico, para poder ganar la batalla en nuestro interior. Cada vez que sentimos dolor emocional, debemos utilizar ese sentimiento como una señal de que hemos cometido un error, que hemos "chocado" y que ahora necesitamos encontrar una nueva salida. Por ejemplo: Nuestra condición actual de sufrimiento es una prueba de que las respuestas anteriores a crisis personales han sido inadecuadas para romper las barreras en las que continuamos estrellándonos. No sólo necesitamos encontrar una nueva forma de vida, sino lo que hasta ahora hemos venido haciendo al respecto no funciona.

El problema está en que muy rara vez aprendemos de esta manera. Cada día tenemos cientos de experiencias donde nuestras expectativas se estrellan contra la realidad. Cada vez que pasa esto sucede algo que Guy llama: "Encuentro cercano de lo que en realidad es la verdad", porque en ese momento de juicio vemos por un instante que en realidad no sabemos que hacer. La cantidad de "estrelladas" no son el problema. Son de alguna forma la escuela de la vida. El problema es no admitir que no sabemos que hacer. No utilizamos la situación para aprender una nueva respuesta; en lugar tomamos una posición defensiva la cual nos regresa al mismo estado mental que nos produjo la última colisión. Luego nos decimos que entendemos la causa por la cual sufrimos y que sabemos a quien o a que culpar. Una vez hayamos identificado la falta a través de esta conclusión incorrecta sabremos que hacer. Algún LPCT aparece diciéndonos: "Sé feliz", "come algo", "llama a un amigo", "piensa sobre lo que pasó". Pero ninguna de estas respuestas nos ha preparado mejor para afrontar la próxima crisis. Persistimos en la creencia de que sabemos que hacer, y en lugar de intentar algo diferente, regresamos al camino ya recorrido.

Hasta que entendamos cuál es la verdadera causa de nuestra infelicidad, nunca podremos ser felices. Si continuamos preestableciendo normas de cómo manejar nuestras vidas, siempre estaremos en el lado equivocado. Y como no aprendemos de las "colisiones" con la vida, el proceso continuará. Sentimos que nuestras vidas están fuera de control, y la verdad es que si lo están.

Empezamos a aprender de la vida cuando dejamos de culpar la realidad y aceptamos que fue la falta de entendimiento lo que percibió el problema. El deseo sincero de aprender no puede fallar en el intento de atraer la verdad que se busca, la cual puede llegar a ser parte de nosotros. Pero esto sólo puede llevarse acabo a través de nuestro trabajo. Nadie nos puede "decir" la verdad porque de esa forma no formará parte de nuestra naturaleza. Así como el corredor de la maratón debe intentar nuevas técnicas por sí mismo para corregir sus errores, nosotros debemos cuestionar nuestras creencias y respuestas por nosotros mismos. Cuando llegamos a entender la verdad sobre la realidad y el papel que jugamos en ella, esa verdad con todo su poder, se convierte en algo nuestro.

El niño que se burló de la casa "embrujada"

La realidad es muy diferente a las ideas distorsionadas que tratan de explicarla, pero sólo nuestra propia experiencia en este sentido nos puede preparar para afrontar los eventos de cada día. Desafortunadamente hacemos todo lo posible para evitar esa clase de experiencia. Hay muchas partes de nuestro ser que tienen miedo de ser comprometidas y que deberían ser reexaminadas en lugar de ignorarlas. Y si nunca lo hacemos, nunca vamos a descubrir cómo aquellas cosas que tenemos son sólo fantasmas creados en la mente. Guy nos ilustra su teoría a través de la historia de cuatro niños y sus experiencias en una casa embrujada.

Todo pasó en un pueblo pequeño en Texas, llamado Turnaround, durante los años de la Gran Depresión. El pueblo parecía calmado, excepto por una cosa. En una de las calles principales, en el centro del pueblo, había una casa embrujada.

Como la mayoría de la gente que vivía allí, los cuatro niños hacían todo lo posible por evadir ese lugar. Existía el rumor que aquel insensato que se acercara a la casa, podría ser arrastrado hacia su oscuro y miedoso interior. Los niños no tenían ninguna intención de enrolarse en esa clase de aventuras, así que cada día hacían lo necesario para evitar acercarse a la casa en su camino al colegio. Todo esto era inconveniente para ellos, pero a pesar de eso, lo hacían con tal de no acercarse al sitio embrujado. Debido a esto, ellos llegaban tarde a estudiar.

Guy nos presentó en ese momento, una situación psico-lógica paralela. Todos tenemos cosas en nuestro interior a las que tememos. Pensamientos oscuros y tenebrosos se encuentran allí, pero escogemos no enfrentarlos por miedo a que nos controlen y dominen. Así que en lugar de enca-rarlos, dejamos que sigan viviendo en la oscuridad y hace-mos todo lo posible para evitar que se conviertan en reali-dad. Como resultado, la vida pasa manejada inconsciente-mente por fantasmas invisibles que habitan en la casa embrujada que hemos creado en nuestro interior.

¿Quiénes son estos duendes, cuya presencia la sentimos, pero no nos atrevemos a verles las caras? ¡Piense un segun-do sobre todo esto! ¿No es acaso la rabia un ser malévolo? ¿O la sensación de estar sólos no se ve como un espectro ate-rrador? ¿Y qué sobre el miedo fantasmal a envejecer?.

En lugar de investigar si estas "cadenas internas" tienen verdadero poder sobre nosotros, y con ello causarnos dolor, escogemos ignorarlas por completo. Como los niños en el pueblo que prefieren caminar en diferente dirección evitan-do una condición no deseada o culpando causas externas por lo que estamos sintiendo.

Aún más, bien escondidos en la profundidad de nuestro ser, se encuentran creencias que dudamos examinar. Nuestra teoría sobre un ser superior y la realidad de cuál es nuestra verdadera misión en el universo. La mayoría tenemos una idea al respecto, basándonos en general en lo que vemos y escuchamos en los demás, en los libros que leemos, en cosas que escuchamos en personas que parecen saber lo que dicen.

Así es que somos renuentes a examinar la validez de estas ideas, pensando que si son equivocadas sería también como admitir que también estamos equivocados y por lo tanto perderíamos la estructura establecidas en nuestro ser. Claro que esta es una de las grandes paradojas de la verdad, pero exactamente en lo opuesto es donde encontramos esa verdad: Admitir que no sabemos sobre esas cosas (teorías) es el primer paso al conocimiento y la vida real.

Por extraño que parezca, en nuestra naturaleza actual parece más sencillo ignorar estos estados internos. Pero como ya lo dijimos antes, la verdad es totalmente lo opuesto. El no saber que hacer en un momento determinado es lo que nos causa confusión, creando complicaciones en nuestras vidas y hay algo en nosotros que prefiere las dificultades resultantes en lugar de enfrentar lo que tememos.

Una vez más, los niños de nuestra historia prefirieron el camino largo en lugar de retar lo que creían se encontraba en la casa embrujada. Todos ellos menos uno, su nombre era Justín, cansado de caminar demasiado por evitar la casa embrujada, una tarde al regreso de la escuela, cuando iban a tomar el desvío habitual, Justín se paró al frente de sus amigos y les preguntó: ¿Cómo saben que esa casa está embrujada? A excepción de las viejas historias y rumores, ninguno supo contestar la pregunta. Era claro que ninguno de ellos sabía por experiencia propia que era, y que no era verdad, acerca de la casa. Su descubrimiento aclaró una de las dudas que Justín tenía. Ahora él quería descubrir de una vez por todas cuál era el asunto con la casa embrujada.

Le costó un poco de trabajo, pero al final convenció a sus amigos de acercarse a ese lugar; y así como ellos lo habían vaticinado, en la medida en que se acercaban escuchaban más y más ruidos extraños. Al pretender interpretar las cosas de tal manera que pruebe que tenemos razón, el grupo de muchachos asustados, interpretaron estos ruidos como muestra de que la casa estaba realmente embrujada y salieron corriendo despavoridos.

Pero Justín se quedó parado esperando. "Nadie sabe en realidad qué es lo que hay en esta casa" se dijo repetidamente. Y con esta incertidumbre como su único consuelo, se aventuró hasta llegar a la puerta de la casa. De pronto, sin darse cuenta, estaba adentro del lugar. Al principio, la tenue luz y el rápido palpitar de su corazón, hacían que saltara por cualquier ruido que escuchaba. Pero cuando iba identificando la causa de cada ruido, pronto empezó a reírse de su propio asombro. No había nada tenebroso allí. Sólo era una casa vieja, con ventanas rotas y ruidos causados por el viento al pasar por las habitaciones abandonadas. En verdad era muy cómico pensar que todo un pueblo había sido aterrorizado por un montón de escombros de un sitio deshabitado.

Justín corrió fuera de la casa a contarle a sus amigos que no había nada que temer, pero ninguno de ellos quiso ir a cerciorarse por sí mismos. Cada uno tenía una disculpa; es muy tarde, quizá mañana, y así razones por el estilo. Uno de ellos hasta llegó a decir que sólo parte de la casa estaba embrujada. Pero al siguiente día, ninguno de sus amigos quería aparecer como un cobarde, así que en su camino hacia la escuela pasaron al frente de la casa. A pesar de esto, ellos no paraban de mirar a sus espaldas por el temor de que alguien o algo los viniera persiguiendo. Todos tenían miedo en secreto ya que no habían descubierto la verdad por sí mismos. Justín era el único que no miraba hacia atrás porque él no estaba asustado, no había nada por que temer. Nada lo podía asustar.

Esto mismo pasa con nosotros. En la medida en que aceptamos ideas acerca de nosotros provenientes de alguien más, y sin tomarnos el trabajo de averiguar por sí mismos, aún las ideas positivas no serán de ayuda en un momento de crisis. Siempre tendremos miedo de que algo incomprensible y lleno de poder nos está acechando a la vuelta de la esquina. Sólo la verdad descubierta por nosotros mismos puede soportar cualquier tormenta. Somos derrotados porque actuamos basados en una verdad artificial. —Ideas falsas que nunca se examinan y que raramente cambian fundamentadas en lecciones de experiencia—. Cuando descubrimos la verdad por sí sólos y dejamos que nos enseñe la forma correcta de reaccionar, seremos siempre victoriosos.

Ralph Waldo Emerson dice:

En cuanto a las cosas agradables y desagradables, la prudencia no consiste en evadirlas o escaparlas, pero sí en el coraje. Aquel que desee caminar en la vida por el sendero de la paz y tranquilidad, debe estar resuelto a hacerlo. Las experiencias negativas se transformarán en algo grandioso y harán que el miedo no tenga razón de existir.

La decisión correcta que lo mantiene a salvo

Cuando las cosas van sucediendo, siempre creemos saber su significado e inmediatamente sentimos cuál debe ser la reacción apropiada. Esta reacción incluye nuestra percepción y así la respuesta inicial es confirmada. Aún cuando se puede desarrollar un sentimiento de dolor, parece excitante a la vez ya que nos brinda una fuerte sensación de quienes somos en realidad. Ahora podemos afirmar que hemos sido engañados, ignorados o en general no apreciados. Raramente nos preguntamos el por qué la forma de ver las situaciones y cómo respondemos. Si alguien viene a decirnos que las cosas no son como las vemos, quizá rechazaremos a esa persona y hasta podríamos convertirla en una clase de enemigo.

Debido a que continuamente aceptamos la interpretación del LPCT como correcta, casi nunca investigamos si existe otro punto de análisis. Como resultado no vemos por nosotros mismos que el miedo a los ruidos de la "casa embrujada" no eran reales y por consiguiente nuestra ansiedad continúa.

Con cierta intensión, preferimos permanecer ignorantes ante el error, sabiendo aún que nos causa malestar. Si continuamente reconocemos tener puntos de vista equivocados, sería poner en duda todas las ideas y creencias sobre nosotros y la vida. Parece más fácil seguir las instrucciones del LPCT de turno. Con el tiempo y como resultado de la continua repetición, todo esto se convierte en algo natural, y aquella duda que alguna vez tuvimos al respecto, comienza a desaparecer. Nuestro comportamiento crece más arraigado a estas respuestas mecánicas y la forma de ver las cosas se presenta cada vez más rígida. Como resultado de todo esto, nos alejamos aún más de esa vida espontánea que siempre hemos querido disfrutar.

Si continuamente rehusamos a investigar la creencia de que cada ruido proveniente de la casa embrujada es lo que creemos ser, será imposible evolucionar. Pero si examinamos con coraje cada aspecto que nos asusta y su verdadero origen, pronto descubriremos que no habían pensamientos o emociones a las cuales le temíamos, y por consiguiente pueden ser descartados.

¿Es posible entendernos a sí mismos con objetividad? ¿Podemos en realidad estar conscientes de cada pregunta y cada pensamiento que trata de comandar nuestras vidas? Un día, durante una reunión con el grupo, Guy contó una historia que toca exactamente este tema y que explica que aún cuando podemos fallar muchas veces, todos nuestros esfuerzos eventualmente darán resultados.

Era la historia de un joven príncipe, quien al alcanzar su madurez, dejó su hogar para ir a vivir a un territorio regalado por su padre. Se le dijo, que si alguna vez corría peligro, debería encender una luz en la parte alta de una torre y así su padre la vería y enviaría un carruaje especial para llevarlo a un sitio seguro. Además se le advirtió cómo un brujo malvado, enemigo del reino quien vivía no muy lejos de su nuevo hogar, también al ver la luz podría enviar un carruaje que lo llevaría hacia el peligro. Esta advertencia asustó al príncipe. ¿Cómo iba a ser posible notar la diferencia? Su padre le aseguró que había una forma de averiguarlo. Cada vez, antes de llegar al carruaje de rescate, debía examinar el caballo que lo tiraba. Un caballo de color oscuro lo llevaría siempre al peligro.

Muchas veces, y debido a lo riguroso de su trabajo, el príncipe se vio en la necesidad de encender la luz. En su afán de escapar del peligro, él se olvidaba de las advertencias de su padre lo cual ocasionaba "escapadas más peligrosas" que el mismo peligro. Después de varias veces llegó a darse cuenta que era mejor mirar en detalle el caballo antes de subirse al carruaje y así su habilidad de percepción rechazando el caballo oscuro, lo mantuvo fuera de peligro.

Esta historia es aparentemente fácil. Pero antes de descartarla como una ayuda para derrotar el enemigo íntimo, consideremos las únicas respuestas a los desafíos de la vida que tenemos, pues sólo aquellas que pensamos nos van a colocar en un sitio seguro. Caer en los mismos errores debido a nuestros hábitos, es como pretender saltar dentro del carruaje que está siendo tirado por pensamientos confusos y sentimientos abrumadores. Por fortuna, como el príncipe, podemos aprender a encender la luz de la realidad como respuesta antes de ser considereda como nuestro camino hacia un lugar seguro. Miremos con más detalle esta posibilidad para lograr una protección superior.

Sobresalga ante todas las reacciones de escape

No es necesario ser derrotado una y otra vez por nuestras respuestas mecánicas. Podemos aprender a reconocer la reacción del "caballo oscuro" antes de subirnos a ese carruaje. Al saber qué clase de reacciones son éstas, la mitad de la batalla ya está ganada. El miedo, la cólera, la ansiedad, la lástima por sí mismo y así como el sentimiento de cargar el mundo a nuestras espaldas, son sentimientos oscuros por naturaleza. Todos estos estados negativos son con certeza, fuentes de tormento inconsciente.

Como puede ver, saber la diferencia entre el caballo enviado por el brujo y el enviado por el rey, no es tan complicado. Es reconocer simplemente que el caballo equivocado ocasiona dolor ya que ese es su verdadero propósito. Puede estar seguro que se ha montado en el carruaje equivocado cuando su ser interior lo hace sentir:

—Como que ha perdido control

—Temeroso de lo que ve

—Enojado con usted mismo o con los demás

—Confundido o asustado sobre su futuro

—Perturbado por su situación actual

—Odio y resentimiento por alguien

—Pesimista sobre su propio ser

—Envidia por alguien

—Desesperado por encontrar una solución

—Nada más importa fuera de sentirse bien

Lo más increíble de todo esto, es que aún cuando estos "viajes" acaban con todo, desde su salud hasta sus relaciones personales, ¡continuamos haciéndolos!.

Si estuviéramos conscientes de lo que hacemos, nada en este mundo nos podría convencer de herirnos a sí mismos. Veamos entonces, cuál es la causa para continur causándonos dolor.

Cuando algo ocurre, y si no sabemos cómo reaccionar, vamos en busca de ayuda. Esta es la parte de la historia donde el príncipe enciende la luz en la torre. Sabemos cuando la respuesta correcta es igual que el rescate. Y ciertamente lo es. Pero sin darnos cuenta un LPCT aparece en la escena. Este ser siempre aparece con los argumentos necesarios para convencernos que lo debemos dejar a cargo de la situación. En otras palabras, este es el caballo oscuro y el carruaje.

En el pasado siempre hemos estado muy agradecidos por su llegada y su respuesta al qué hacer pues nunca hubo necesidad de hacer preguntas. Pero ahora queremos ser dueños de nuestra voluntad en lugar de subirnos al carruaje una y otra vez. Así como el consejo del rey, antes de entregarnos en las manos del rescatador, debemos mirar no sólo la luz sino quién envía el carruaje en primer lugar. El poder de discernir entre el caballo claro y el oscuro está en sus manos. Pero para ejercer este derecho existe una condición, un paso en secreto deberá ser tomado. Ese poder superior de escoger que es bien o mal para nosotros sólo aparece cuando se tiene el deseo de hacer una especie de pare interior, una pausa en nuestro ser. Al anclarnos temporalmente en la situación existente, nuestros pensamientos y sentimientos salen a relucir a la luz de la conciencia y se presentan tal y como son. Una vez más, esa prueba es fácil y sencilla. En ese momento no es tanto querer "sentirse bien" sino tener la alternativa de ver en realidad que le corresponde a usted; entender cómo no puede existir un estado negativo que desee lo mejor para usted.

Este ejercicio de hacer un "pare interior" o una pausa psíquica, parece fácil, pero requiere práctica y esfuerzo continuo. Es muy tentador dejarse llevar por el carruaje equivocado; no cuesta ningún trabajo. El resto de tiempo podemos gastarlo tratando de arreglar y corregir los malos "viajes" que hemos hecho. Todo esto malgasta nuestra energía, y nos aparta del verdadero lugar donde debemos estar.

Así que ahora vamos a tomar una pausa antes de creer que cualquier respuesta automática es la correcta. Vamos a aprender a estar despiertos. Este estado de conciencia es crucial, ya que el "brujo de la historia" es muy inteligente. Con sus trucos puede hacer aparecer el caballo oscuro como claro. Por ejemplo, ¿Quién de nosotros no ha tenido caídas y fracasos basados en falsas percepciones y extrema confianza? Y la sensación de triunfo sobre la derrota de alguien, puede ser sólo un castigo en un estado de desolación y enojo. Con el tiempo aprendemos a valorar las cosas por lo que realmente son, y cuando dudemos trate de recordar este axioma: La prueba está en escoger el caballo correcto; si el viaje nos causa malestar y dolor, hemos tomado el carruaje equivocado.

Ahora, supongamos que nos hemos despertado muy tarde cuando ya estábamos adentro del carruaje y la realidad está galopando. Quizá vemos que fuimos empujados por un estado de ansiedad o rabia. En el pasado siempre aceptamos esta negatividad como reacciones apropiadas, pero ahora reconocemos que son equivocadas e innecesarias. No queremos que su camino sea el nuestro. ¿Qué podemos hacer?.

Primero que todo, no debemos intentar detener el caballo. Es un desperdicio de energía; así como lo es tratar de convencernos que no estamos en ese estado de emoción, o sentirnos culpables por eso, o negarlo de cualquier otra manera. Estas alternativas son como caballos oscuros de reemplazo. La única salida que tiene es escoger estar bien despierto. Ese estado de conciencia nos transforma en la persona que hasta ahora ha sido identificada en un estado de escape, en alguien que está consciente de ello. A través de esta conciencia saltamos del carruaje hacia un sitio seguro que nos proporciona un terreno sólido en este instante. Saltar con seguridad requiere habilidades especiales, pero se aprende en la medida en que las necesite.

Así que no se desanime, ¡salte de ese caballo! Quizá va a fallar muchas veces antes de saltar con éxito, pero mire sólo el progreso que ya hemos logrado hasta el momento. Sabemos que tenemos la tendencia de subirnos a los carruajes equivocados, y eso no hay necesidad de hacerlo —esos pensamientos y sentimientos no representan lo que verdaderamente somos—. Nuestro objetivo es intentar estar conscientes y saber lo que pasa para no caer en los mismos errores una y otra vez más.

Cuando nos encontremos buscando una reacción y colocando luces en las torres, existe una alta probabilidad que el caballo equivocado llegue al rescate. Por lo tanto hacemos el esfuerzo para determinar qué clase de ayuda viene en camino y escogemos esta ayuda con calma sin afán de ser rescatados. La única forma de ver si la ayuda que llega es la correcta es tomar el tiempo necesario para analizar el momento y ver si es falso o verdadero.

Ya hemos llegado a reconocer que vivimos una vida donde en realidad existen fuerzas que han sido creadas en contra de nosotros. Pero nuestro continuo conocimiento y aumento del estado de conciencia de la existencia de un enemigo íntimo y su forma de engañarnos para causarnos sufrimiento, es un paso que nos acerca aún más a la victoria.

La verdad lo ayuda a descubrirse

Tanto la historia de Justín como la del príncipe revelan el mismo poderoso mensaje. Nos revelan que debemos investigar nuestros pensamientos y sentimientos para concluir que se ha aceptado como necesario y natural aquello que es sólo una imposición automática de falsa identidad. El incremento de conocimiento nos da el poder de ver más allá de las respuestas inconscientes y al mismo tiempo nos muestra el secreto del verdadero individuo en control.

Aún cuando la capacidad de decisión es un derecho natural, este poder espiritual tiene su precio. Si queremos recuperar nuestra vida interior, debemos retar con un nuevo entendimiento al enemigo íntimo para no permitir que esta naturaleza decida nuestro destino. La verdad debe ser aquella que nos presenta la situación real.

Como un ejemplo sencillo, que explica claramente esta lección, supongamos haber escuchado que un amigo hizo un comentario negativo sobre nosotros. Si reaccionamos como en el pasado, las malas noticias nos producirán rabia y mal humor. Pero si actuamos poniendo en práctica esa pausa psicológica que nos da poder y nos permite ver la verdadera realidad no nos sentiremos engañados por el nuevo sentimiento de libertad.

No tema al no tener una respuesta inmediata; deje que su vacío momentáneo reconozca su reacción. No permita que este estado temporal de vacío se llene de ideas ya preestablecidas. El LPCT que le advierte del peligro, es el responsable por el miedo que está sintiendo. Al ver más allá de esta imagen, lo ubicará en un lugar seguro y descubrirá que su verdadero ser no deberá sentir miedo nunca más.

¿Ha visto alguna vez, en fotos o en películas, un rompehielos tratando de abrirse paso a través de grandes extensiones de hielo? ¿No le gustaría tener esa clase de fuerza aplicada a nuestra vida? Todos deseamos romper esas barreras que nos impiden ir a donde queremos, cuando queremos y a la velocidad deseada. Queremos ser dueños de nuestras vidas, lo cual se convierte en el objetivo de ganar la batalla en nuestro interior. Se trata de romper poco a poco pensamientos y creencias congeladas que han creado un enemigo de por vida debido a interpretaciones desorientadas y reacciones mecánicas.

Para experimentar un proceso verdadero en nuestro interior, debemos ser imprudentes espiritualmente. No evite nada. Cualquier cosa que lo afecte deberá ser secundario. Y algo importante: Usted no necesita ser fuerte, sólo debe cansarse de temblar ante la vida. La única forma de desconectar el enemigo íntimo es deliberadamente entrando en su territorio —la "casa embrujada" o cualquiera que sea su naturaleza— armados solamente con la luz de la realidad. Y como ninguna condición negativa puede permanecer en pié ante la presencia de su conocimiento la victoria es suya como resultado. Esto es lo mismo que decir, la verdad le ha ayudado a ganar y descubrir su vida otra vez.

Nota especial

La mayoría de los hombres y mujeres en busca del secreto de la felicidad, cometen un error común. Ellos escuchan sus propias conclusiones. Esto es trágico. De muchas formas, la verdad nos está tratando de enseñar que nuestro nivel de vida actual nos limita las posibilidades que tenemos. Lo que es posible cuando queremos cambios verdaderos es aceptar que es imposible continuar viviendo de la forma actual. Ese es el verdadero secreto.

Guy Finley
The Secret of Letting Go

7

> *Orden significa paz y luz, libertad interior y libertad de decisión; el orden es poder.*

Amiel

EL DERECHO DE
RECUPERAR NUESTRA VIDA

Como ya lo hemos visto, la guerra en nuestro interior es liberada por partes conflictivas internas. Es esa división la que causa todos esos dolores de cabeza. Todos sabemos que es estar atrapado en una lucha interna. Desde el contexto espiritual, esta batalla implica dos elementos adicionales: el conflicto entre esas pocas partes de nosotros que tratan de encontrar una coalición de fuerzas para lograr una solución pronta y pacífica, y las muchas partes que prefieren permanecer en constante caos. En la historia de la religión encontramos personajes que han sido testigos de este conflicto interno. Como dijo San Pablo: "El bien que quiero hacer, no lo hago. En lugar hago el mal que no deseo hacer".

Al analizarnos más detalladamente, nos damos cuenta que no hay una voz fuerte, con autoridad, que nos sirva como guía. En lugar, muchas voces desesperadas se disputan el poder. Como resultado, la infelicidad y la confusión se apodera de nuestro ser. Es como una algarabía de voces pidiendo atención; cada una diciendo que esa es quien en realidad somos. Cuando cambiamos de un ser a otro, las nuevas decisiones no encajan con los deseos del otro y así vemos desesperadamente como todo está fuera de control. Continuamente juramos trabajar fuerte para llegar a ser esa persona completa y constante en su naturaleza, pero sin darnos cuenta, quedamos atrapados en una nueva batalla sin sentido y allí olvidamos todas nuestras buenas intenciones.

¿Hay alguna forma de alejarnos del campo de batalla y recuperar nuestras vidas?.

¿Es posible que nuestras buenas intenciones prevalezcan? ¿Puede una voz fuerte y poderosa acallar a las demás?.

¡Si! Si es posible alcanzar todo lo anterior. La transformación ocurre natural y paulatinamente cuando identificamos la situación en su totalidad y luego decidimos que queremos apartarnos de allí por encima de todo. Cuando la buena intención crece en fuerza, un sistema mágico aparece ante nuestros ojos que nos alejará del campo de batalla psicológicamente, aún cuando permanezcamos en el mismo lugar.

La experiencia en tiempos difíciles

Un miércoles en la noche, durante su charla, Guy nos habló acerca de la autotransformación. Era una historia especial y poderosa que nos llevó a un lugar lejano donde nos presentó a un joven corresponsal durante los tiempos de guerra.

Eran los años 60´s. Un joven periodista se había voluntariado para ir a Vietnam a entrevistar un hombre y una mujer que estaban en servicio. Su misión era grabar sus experiencias para que la gente en su ciudad natal tuviera un mejor conocimiento de los eventos en la guerra. A su llegada al país en conflicto su primera experiencia fue darse cuenta que era difícil identificar amigos de enemigos, y muy pronto se dio cuenta que no podía confiar en nadie.

Una noche, cuando se encontraba comiendo en un restaurante, escuchó el rumor de que algo inusual se estaba desarrollando en las selvas del norte. Pensando que esta podría ser la oportunidad esperada, se alistó y se dirigió hacia ese lugar, esperanzado en que esta historia iba a ser la ganadora del afamado premio Politzer de periodismo. Por un momento, al pensar en todo esto, entristeció al darse cuenta como toda esta tragedia podría convertirse en el triunfo de otros. Esta revelación lo perturbó, pero a pesar de eso, de pronto se encontraba viajando hacia ese lugar donde iría a encontrar una historia diferente a la que se había imaginado.

Al llegar a su destino, fue recibido por un joven que gritaba "bienvenido al campamento de locos" y esa noche, el lugar confirmó su nombre. Apenas se oscureció, la noche se iluminó con morteros y bombas que cruzaban el firmamento. Con cada explosión, la tierra parecía temblar. El joven reportero aterrorizado corrió hacia un refugio subterráneo donde cientos de personas se preparaban para la larga noche que les esperaba. La confusión, los gritos, el ruido y las luces que se apagaban y prendían le dio la impresión de que estar en un infierno. ¿Qué estoy haciendo aquí? Se preguntó así mismo. Pero la única respuesta que recibía era la explosión de otra bomba que hacía temblar el techo del refugio hasta hacer caer las lámparas.

A pesar de su nerviosismo, su instinto de reportero se mantenía intacto, haciéndolo escuchar con atención las conversaciones y comentarios que ocurrían a su alrededor. Lo que escuchaba sólo aumentaba su confusión. En una esquina un grupo de soldados estaban a punto de atacar a un oficial; al rededor de una mesa otro grupo de soldados se disponían a una pelea que parecía inminente. El refugio estaba colmado de miedo y violencia.

El reportero siguió mirando a su alrededor cuando algo diferente le llamó la atención. Algo no encajaba con la locura del lugar. En otra esquina había un hombre sentado en completa calma, totalmente apartado del caos que lo rodeaba. Era como si estuviera sentado en el ojo del huracán. El lo miró detalladamente pensando que quizá estaba bajo la influencia de drogas, pero su expresión facial mostraba lo contrario. El joven pensó que quizá había encontrado la verdadera historia en medio de la confusión.

Caminando hacia el hombre, el reportero fue recibido con una sonrisa amable. Después de cruzar algunas palabras, él no pudo contener su curiosidad. ¿Qué es lo que está pasando aquí? Preguntó. ¿Cómo es que todos parecen odiar este mundo, pero usted permanece calmado y hasta podría decir que feliz?.

El soldado lo miró y rió con ganas. "Esto no es un secreto", explicó. Hace unas semanas solicité mi transferencia y acabo de recibir la noticia de que me van a enviar a casa mañana en la mañana".

El reportero entendió el por qué el soldado se encontraba en un estado diferente a los demás. El ya no era parte de este mundo, así que todo eso no lo asustaba. El ya no estaba involucrado, la transferencia lo esperaba.

Transfiérase hacia una nueva vida

La vida espiritual significa la necesidad de descubrirse y alistarse a la transferencia. Es darse cuenta que nuestro mundo psicológico actual es sólo un campo de batalla en secreto que no tiene ningún sentido. Tratamos de entender esa guerra alineándonos en alguno de sus lados. Lo único que logramos es involucrarnos más y más en el conflicto. Por ejemplo, cuando valoramos lo que hemos alcanzado (quizás el éxito) aparece ante nosotros un conflicto con el deseo intenso de plenitud (el deseo de sólo disfrutar las cosas). La parte ambiciosa critica y trata de controlar la parte holgazán, dando como resultado una persona que tiene resentimiento al trabajo, por lo cual se siente culpable cuando se divierte. Cada autocrítica es como un ataque de morteros. Cada pensamiento de autocompasión es como la explosión de una bomba. Cuando estos LPCT se desplazan de un lado a otro a una velocidad que quema, vemos como todo lo que hacemos nos causa infelicidad. Pensamos que si nos ubicamos en el sitio correcto, llegará el momento en que encontremos paz en algún lugar. Pero sin importar a donde miramos, siempre nos encontramos en la mitad de la batalla con nuestro propio ser. A veces parece que no hay escape de esta condición interna. Hasta que veamos las cosas como en realidad son, la victoria será posible. La libertad de la mente llega finalmente cuando ha alcanzado el nivel donde lo opuesto es visto como un vacío. En otras palabras, y para explicar el contexto de este estudio, es sólo un LPCT (una sola imagen) en conflicto con otra. Sólo hay una forma de encontrar la salida y es descubrir la verdad tal y como es, lo cual es lo mismo que transferirse a otro lugar.

Guy explica que debemos vivir en constante estado de transferencia. Esta idea puede presentarse de otra manera repitiendo las palabras de Cristo: "Estamos destinados a estar en este mundo pero no somos de él". Así que, en lugar de disfrutar de esta vida temporal, o en transferencia, habitamos un mundo de preocupaciones creado por nosotros mismos y luego sufrimos ataques constantes resultado de una infelicidad natural. Pero todo esto no tiene que continuar de esta manera. Cuando podemos ver que un ataque se aproxima, ahora tenemos la capacidad de transferirlo.

Esta clase de "transferencia espiritual", es posible cuando desviamos la atención hacia otro tipo de pensamientos y colocamos todo aquello que nos molesta en manos de una fuerza superior. Sabemos que la lucha es la única alternativa cuando enfocamos la mente en pensamientos perturbadores con intensiones pacifistas.

¿Cómo podemos lograr la paz en esta lucha donde estamos involucrados en ambas partes del conflicto? Cuando sentimos los efectos de un ataque, siempre buscamos refugio en algún rincón de nuestros pensamientos, pero nunca lo encontramos. La única forma de hallar un sitio seguro es reconociendo que el mundo de las batallas no tiene sentido y por lo tanto hay que deshacerse de este estado negativo. Al ver los intentos fallidos por lograr la paz interna, abandonar el campo de batalla parece ser la única alternativa. Esta acción nos coloca a la entrada de algo que verdaderamente va a transformar nuestras vidas y que siempre ha estado por encima de cualquier batalla.

Deje atrás sus problemas, allí es donde pertenecen

Llegaremos a tomar los pasos necesarios para deshacernos de nuestros problemas cuando hallamos alcanzado el punto de desear con todas nuestras fuerzas la paz interior. Sabemos que no hemos llegado a esa meta cuando nos vemos atrapados como en una trinchera esperando la explosión de la siguiente bomba. ¿Por qué no hacemos algo para acabar de una vez por todas con ese estado de tortura al cual nos sometemos constantemente? ¿Por qué no escapamos de allí? Muchos de nosotros mantenemos una serie de costumbres y actitudes que nos alejan de la felicidad constantemente.

Para comenzar, siempre guardamos la esperanza de que vamos a salir triunfantes alguna vez. Y así continuamos creyendo que hay posibilidad de ganar la batalla; y si no, al menos hay un extraña satisfacción de haber luchado contra el fuego, lo cual nos da una sensación de fuerza y de estar vivos. Estos estados emocionales poderosos en realidad disfrutan la furia de la batalla, nos conmueven y nos dejan una percepción de importancia. Pero existe otra razón, aún más profunda e importante, por la cual no pedimos un cambio. Tenemos miedo en secreto de que quizá no existe un lugar donde podemos transferir nuestros problemas.

Por eso es muy importante descubrir a través de autoobservación la verdad sobre estas batallas que liberamos minuto a minuto. Cuando reconocemos con claridad lo negativo de este estado, ya no deseamos estar en esa condición por un instante más, no importa cuanto nos cueste.

Nuestros esfuerzos por escapar deberán ser recompensados con el éxito. Este es el por qué ese mundo hostil que deseamos dejar atrás no es sino un mundo artificial de imagen falsa, y cada momento que lo podemos reconocer es como una transferencia hacia un nuevo mundo donde la batalla no existe. El despertarse y encontrar la salida, actúan como una sola identidad. Al lograr un estado consciente en un momento determinado es ubicarse en un sitio donde "no existe la batalla", "no estoy en peligro", sólo un sitio de calmada y segura realidad.

Al desviar nuestra atención de las batallas interiores, podemos empezar a escuchar las voces que nos guían y que se alejan del conflicto interior. En este instante esta es toda la ayuda que necesitamos. Debemos hacer el esfuerzo sincero de "pedir" la transferencia en todo momento. ¿Pero cómo podemos lograr esto cuando todo a nuestro alrededor intenta mantenernos donde nos encontramos?.

La respuesta está en que si sólo tratamos de estar alertas en nuestro ser, las acciones alrededor nos recordarán qué hacer en un instante determinado.

Cada vez que sufrimos, podemos recordar que la razón por la cual nos sentimos así es debido a que algún LPCT ha entrado en el campo de batalla con intenciones ya definidas. Hasta ahora hemos creído que estamos destinados a permanecer en el campo de batalla y luchar. Pero ahora sabemos que no necesitamos ser identificados con esta imagen falsa que se siente atacada.

Esto es lo que significa desear la transferencia. Ya no deseamos ser una imagen falsa. Ya no queremos más esos pensamientos interminables que nos hacen caminar en círculo. Ya hemos tenido suficiente de esos ataques sin sentido. Ahora queremos la transferencia. Tenga por seguro como en la medida en que nos encontremos involucrados en batallas que no podemos ganar, el deseo de encontrar una salida crece aún más. Y cuando este deseo crece en fuerza y se vuelve más persistente, nos ubica en la realidad con más frecuencia. El sufrimiento no sólo nos recuerda el deseo de ser transferidos a otro estado superior, pero aún en esos momentos, cuando experimentamos satisfacción, es allí donde permanecemos conscientes de que esa fuente de felicidad está por encima de cualquier campo de batalla y es ahí donde deseamos estar. No importa donde estemos, ni lo que hagamos, el deseo permanente de vivir fuera del campo de batalla nos ayuda a recordar nuestro objetivo primordial de alcanzar el cambio total.

El darse cuenta que el mundo creado por la mente humana confundida no es el verdadero mundo, es el primer paso para reconocer la existencia de un mundo superior, nuestro verdadero hogar.

Nosotros estamos en este mundo para aprender las lecciones de la vida, no para ser empujados inconscientemente en un campo de batalla. Todos tenemos la oportunidad de lograr esa corrección crucial con algo real que existe por encima de todos los campos de batalla.

Cada vez que nuestra convivencia lo pide, buscamos esa oportunidad de cambio. Si después de haberse pedido ese cambio, no sucede, debemos examinar nuestra actitud para identificar qué partes de nosotros no desea que llegue ese cambio. La decisión correcta deberá finalmente predominar. Si no lo conseguimos con el primer intento, se deberá pedir el cambio de nuevo. Quizá la impaciencia se hará presente, pero no debemos olvidar que no seremos heridos en el campo de batalla en la medida en que recordemos que nuestro objetivo es abandonarlo.

Encuentre la felicidad
en la conciencia superior

Colocarse en estado de transferencia no significa que vamos a escapar físicamente o evitar los retos que naturalmente ocurren en este mundo. Por el contrario, como lo explican las siguientes líneas de un poema de Guy que dice:

"Entremos en la batalla,
no corramos en retirada.
El enemigo está al frente nuestro,
ahora sabemos qué debemos hacer".

Colocarse en estado de retirada o transferencia de los problemas, significa que aprendemos a utilizarlos en lugar de ser utilizados. Aprendemos a rebasar nuestra psicología actual. De esta forma seguimos enfrentándonos a los muchos eventos y retos de la vida, pero ahora no somos afectados negativamente como en el pasado; ahora los vemos de una forma diferente. Guy nos contó otra de sus maravillosas historias para ilustrar su teoría:

"En una montaña alejada, desolada por el clima insoportable, habitaba un rebaño de ovejas. La mayoría del rebaño tenía una vida miserable, y si analizamos el por qué, vemos que su diaria existencia no demostraba lo contrario. Cada atardecer una nube de moscas atacaba las ovejas y ellas en su desesperación arremetían unas contra otras. Luego, en cada amanecer, su despertar era nervioso e inquietante por el miedo a ser atacadas por los pumas de la montaña. Una vez más el miedo hacía que se crearan confrontaciones en el rebaño. Su afán de encontrar un lugar seguro agregaba un problema más a su existencia".

De muchas maneras, el rebaño se parecía a los seres humanos infelices. También sufrimos por cosas que parecen estar fuera de nuestro control; y en el intento de aliviar nuestro dolor, atacamos a otros o a nosotros mismos encerrándonos cada vez más. Enfocamos la atención en la dificultad y el malestar. Vemos sólo el problema que parece cubrirnos por completo, y en nuestra desesperación no somos capaces de mirar más allá en busca de solución. Aceptamos el problema tal y como se presenta, como si fuera una necesidad, y fallamos al intentar ver que tenemos el poder de apartarnos completamente de esa situación en cualquier momento deseado.

No es negativo el reconocer que nuestro pensamiento limitado causa y perpetúa nuestra infelicidad. Es negativo continuar encontrando razones para ser infeliz. Por lo tanto, ¿no es cierto que mucha gente, hombres y mujeres, tienen mucho parecido con ese rebaño de ovejas? Ellos fracasan ante cualquier dificultad que se presenta y se agreden unos a otros por su incapacidad de encontrar la respuesta.

Volviendo a la historia del rebaño, una pareja de ovejas se preguntaba si era necesario vivir bajo esa incertidumbre. Ellas estaban cansadas de la situación y querían saber si había otra clase de vida mejor. Ambas tenían largas discusiones y charlas al respecto examinando también el comportamiento del resto del grupo para así entender que estaba pasando con ellas mismas.

Las investigaciones las llevaron a su grandioso descubrimiento. Ellas notaron que había una oveja de edad, la llamaremos Miguel, que nunca discutía con nadie. Al contrario del

resto del rebaño que siempre parecía preocupado por algo,
Miguel reflejaba calma y tranquilidad. Era claro que su vida
no se encontraba en la misma dirección de los demás.

El par de ovejas intrigadas por la situación se acercaron
a Miguel para preguntarle cuál era el secreto de su existencia. Era la primera vez en su vida que alguien del grupo se
acercaba en busca de alguna respuesta. Miguel dijo que el
resto del rebaño sufría incansablemente, y que esta forma
de sufrimiento era interminable. Ella les dijo que la única
forma para liberarse del tormento y comenzar a disfrutar la
vida en su totalidad era preguntándose cuál era la necesidad de esa condición negativa. Con esta respuesta, Miguel
les prometió que les iba a revelar el secreto del por qué ella
no era afectada por las cosas que influían al resto del rebaño. El par de ovejas esperaron con ansiedad el siguiente día
en busca de la respuesta.

Como Miguel lo había prometido, a eso de las cuatro de
la tarde del día siguiente, cuando las moscas empezaban a
llegar, Miguel las llevó por un trecho hacia el otro lado de
la colina, un lugar que hasta ese momento, ellas no sabían
de su existencia. Allí Miguel les mostró cómo llegar hasta
el borde de la montaña donde el viento soplaba en forma
natural a través de un túnel. Debido al viento, las moscas
siempre evitaban ese lugar. Así que esa tarde, en medio de
hierba fresca y un atardecer soleado, los tres pasaron un
rato agradable. A eso de las 6:30 de la tarde, cuando las
moscas ya se habían ido, Miguel guió a la pareja de ovejas
con el resto del rebaño. A la mañana siguiente, Miguel les
enseñó otra valiosa lección. Era el momento cuando los
pumas rugían asustando al rebaño. La pareja miró hacia un
lado de la colina y vieron a Miguel cómo en lo alto de la

cima, observaba todo a su alrededor. Nada podría acercarse sin que él no lo notara.

Al analizar sobre estas dos experiencias, las moscas y los pumas, la pareja de ovejas entendieron en su totalidad cuál era el secreto de Miguel. Nunca habían tenido la necesidad de sufrir. Era sólo cuestión de ubicarse en el sitio preciso. Esto era lo que le daba a Miguel paz y tranquilidad en su diario vivir.

Ubíquese donde la libertad pueda encontrarlo

Existe un lugar seguro en nuestro interior. Si logramos ubicarnos en ese lugar, no habrán sentimientos negativos que puedan afectarnos. Ese lugar siempre ha estado allí esperando a que lo descubramos. Un lugar donde la realidad verdadera reside. Hasta el momento sólo dos opciones se nos han presentado: Enfrentarnos al dolor y sufrir con él o, escapar y sufrir con los problemas en constante persecución. Hemos venido escuchando esa voz interior que nos grita constantemente: "Ríndase al dolor", "encuentre la forma de soportarlo", "odie todo aquello que le causa dolor". En la medida en que continuemos respondiendo al dolor de esta forma, siempre estaremos bajo su control.

Pero existe una salida. La encontramos al parar de pensar en esos términos familiares para que la esencia correcta llegue a nosotros y nos guíe hasta ubicarnos en una nueva posición interior. Poco a poco nos damos cuenta que la situación actual es intolerable. Al cansarnos de aguantar esta condición, empezamos a buscar otras salidas y respuestas. Así es como podemos ser guiados hacia una buena posición en nuestro interior libre de pensamientos negativos.

Cuando nos colocamos al frente del conocimiento superior con el deseo absoluto de vivir por encima de la tragedia de este mundo, los pensamientos oscuros pierden su poder de afectarnos.

Un paso esencial en el proceso de cambio es desarrollar un objetivo claro, ya que nuestra posición ante la vida está directamente relacionada con los planes y objetivos que nos fijamos. Cuando nuestro propósito en la vida se limita a algo similar al de aquel rebaño de ovejas, comer, procrear y dormir; nos identificamos con una posición similar que representa ese tipo de objetivos, y al final resultamos una vez más en la mitad del campo de batalla.

Ese tipo de objetivos sin sentido es una invitación abierta a ataques constantes que causan sufrimiento a perpetuidad. Cuando nuestro propósito es vivir una vida superior donde las intensiones son las de disfrutar la existencia en su totalidad, la atención se levanta por encima del "rebaño temeroso" hasta alcanzar un sitio pleno de satisfacción. Al final, la búsqueda de este lugar es recompensada. Una nueva posición de seguridad se hace presente, encontrando aquí una vida libre de sufrimientos así como la capacidad de experimentar una nueva energía y propósito en nuestras vidas.

"Si puede entenderlo, podrá hacer uso de esto en su camino, como el pájaro que alcanza el riachuelo, como los tigres en las montañas. Si no lo entiende, la verdad se quedará sólo en palabras y usted será como un cordero atrapado en la cerca, como un tonto mirando hacia la cima esperando que aparezca un conejo".

Yuan-Wu.

RECUPERAR NUESTRA VIDA • 141

Ahora, miremos que es lo que todo esto significa desde el punto de vista psicológico. ¿Qué es lo que representa nuestra vida diaria en realidad? ¿Tiene la descripción a continuación algo de verdad?.

Libérese de toda falsa autoridad

Cada día escuchamos a alguien que toca a nuestra puerta psicológica, y cuando la abrimos alguien entra gritando y dando órdenes: "Tiene que preocuparse de esto", "no olvide en arrepentirse de aquello". "Maneje más rápido, así el otro vehículo no podrá adelantársele", "trabaje, trabaje, trabaje".

¿No es verdad que las experiencias de amor, ternura o descanso apenas las sentimos?.

Somos manejados por algo que se llama así mismo autoridad, y la aceptamos como tal, sin hacer ningún tipo de preguntas. Una voz llega (como es de esperarse es un LPCT) y nos dice que debemos ser negativos. Sin ninguna resistencia obedecemos a este comando pensando que somos responsables por reacciones de esta manera y que existe una buena razón para ello. Hemos sido condicionados a aceptar condiciones autodestructivas como algo natural y por otro lado, otra parte de nosotros odia ese estado negativo y piensa que ese odio es también natural.

Pero una fuente mejor informada nos revela que ninguna de las dos condiciones arriba señaladas son naturales, y que no debemos ni tenemos que aguantar la situación por un momento más. Nuestro nuevo y superior entendimiento nos da la posibilidad de recuperar el control de nuestras vidas y así no tendremos por qué obedecer esas voces negativas que hasta este instante manipulaban nuestro ser.

Ha llegado el momento de tomar riendas sobre nuestras vidas. Si no logramos hacerlo, escucharemos una voz que continuamente golpeará a nuestra puerta, haciendo que admitamos en forma inconsciente un estado de infelicidad que nos dice cómo actuar y lo que debemos hacer. Ahora podemos empezar a reconocer cómo todas esas voces internas son autoridades falsas y en lugar de inventar formas de tolerarlas, podemos retarlas y hacerlas desaparecer de nuestra existencia.

No es posible que dos autoridades puedan gobernar. Cuando retamos la falsa autoridad, le damos paso a la verdadera para que tome el auténtico control.

Recupere la autoridad sobre su vida

Es posible romper el control de esas voces internas disfrazadas de falsa autoridad. Cuando vemos acercarse un estado negativo, podemos retarlo ampliamente preguntando "¿bajo que autoridad se está usted presentando?" Nuestra habilidad de identificar estos intrusos es engrandecida en la medida en que clarificamos nuestro propósito en la vida. Con el tiempo, y al ganar más experiencia, reconocemos con más facilidad las condiciones que dan cabida al surgimiento de situaciones negativas (LPCT). Al saber que su existencia no es real y por lo tanto no tener capacidad de alimentarse de nuestra energía, su desaparición será inevitable y colocará la libertad al alcance de nuestras manos.

¡Qué forma tan extraordinaria de enfrentarse a una nueva vida! Hasta ahora nadie nos había dicho que el sufrimiento mental y emocional que padecemos no tiene ninguna autoridad de permanecer en nosotros. En realidad se nos ha dicho y mostrado exactamente lo contrario. Pero ahora, con un nuevo propósito rediseñado, no permitimos que los valores importantes en la vida sean afectados en ningún momento por un estado negativo que viene a decirnos como nos debemos sentir. Ahora sabemos cuando es el momento de tomar "riendas y control en el asunto".

Si alguien toma una ruta todos los días, y cada día tiene un accidente en el mismo camino, ¿no es de esperarse que esa persona cambie de ruta? Es evidente que esa persona asocie la ruta que ha venido tomando y los accidentes sucedidos, y luego salga en busca de nuevos caminos.

De la misma forma, debemos empezar a entender que hay una conexión interna entre los lugares donde estamos y los accidentes psicológicos que experimentamos. Debemos decidir no sufrir más inconscientemente. Esto significa que la próxima vez cuando los pensamientos oscuros y las ideas negativas nos ataquen, en lugar de enfrentar el malestar en sus propios términos, buscamos una posición superior libre de malestar e inconformidad. Nuestro propósito en la vida será entonces, retar y triunfar ante cada sentimiento equivocado y el de encontrar un lugar más alto (superior) donde estaremos fuera del alcance del sentimiento castigador.

Es importante no perder el ánimo, aún si fallamos en nuestros intentos muchas veces. Durante mucho tiempo (quizá toda nuestra vida) hemos sido condicionados a existir con placeres temporales y a obedecer dificultades. Esto es a lo que estamos acostumbrados en un aspecto de nuestra naturaleza; pero quizá aquella curiosa naturaleza de Miguel está también en nosotros.

Una verdadera autoridad vive en nosotros y no está dispuesta a rendirse por un falso estado de emociones. Podemos invocar esa autoridad verdadera que da poder a nuestras vidas. No tenga la menor duda de que todo lo que hacemos para liberarnos y descubrir quienes somos en realidad, produce un resultado positivo. Esto es lo mismo como si dijéramos que cualquier intento sincero de liberación deberá tener éxito. Cada vez que nos colocamos del lado de nuestro ser superior, nuestra posición es redefinida y se nos muestra una nueva forma de vivir. Cada pedazo de información aumenta nuestra fuerza para controlar de nuevo nuestras vidas. Cada día es una oportunidad de entender que aún cuando algo es persuasivo, no significa que sea poderoso.

Ahora podemos ver que nuestras aceptaciones y demandas equivocadas nos han mantenido en una posición donde el sufrimiento parece natural. Nuestra nueva visión muestra que nada de eso es real. Podemos decir: ¡No, no quiero vivir así nunca más! E increíblemente todo cambiará.

El poder de la determinación

Si queremos recuperar el control de nuestras vidas, debemos ser persistentes. Después de todo, lo que estamos aprendiendo en este estudio es que tenemos que ver a través de muchos años de pensamientos y emociones negativas. En la medida como nos familiarizamos con los poderes equivocados que han comandado nuestras vidas, descubrimos muchas cosas que nos molestan de esa razón de ser. Con esos descubrimientos, es posible sentir que las cosas están empeorando en lugar de mejorar. En realidad, todo lo que vemos nos parece bien. Por fin estamos reconociendo honestamente que las cosas han salido mal hasta el momento y ahora es el primer paso hacia el verdadero ser interior.

Muchos de los grandes guías espirituales nos advierten no desfallecer ante el poder del desaliento. Se nos ha enseñado a encararnos a los rigores de la exploración interior con una buena actitud.

Vernon Howard nos dice que quizás debamos golpear a la puerta de la verdad diez mil veces antes de obtener una respuesta. Pero habrá una respuesta y entonces el esfuerzo será recompensado diez mil veces más.

Guy nos cuenta una historia, para prevenirnos, sobre un hombre que ha escuchado el rumor que hay oro en las montañas y va en su búsqueda. Después de encontrar apenas unas pocas gemas de oro, las cuales a su parecer tomó mucho tiempo, ha llegado a la conclusión que no hay oro en este sitio y detiene su búsqueda. Al contrario de lo que piensa ese hombre, deberíamos estar contentos de encontrar esas pocas muestras de oro y utilizarlas como una esperanza y así redoblar nuestros esfuerzos. La razón por la cual nos desanimamos es porque no sabemos el valor espiritual del oro. La verdad es que una sola gema, cuando se agrega a otra más, nos lleva a algo superior como adición de todas las partes. Podemos tomar un valor espiritual y luego agregarle otro más y como resultado obtendremos un entendimiento mucho más poderoso que el primero por sí sólo.

Por ejemplo, un día de estos podría leer una parábola espiritual para explicar cómo una semilla que germina y crece dando origen a una nueva planta deberá caer en la tierra y morir en su interior. Otro día podría darse cuenta cuando un LPCT está a punto de tomar control sobre usted. El darse cuenta detiene la acción, pero a su vez al verlo le crea un sentimiento de pérdida y tristeza debido a que aquel sentimiento familiar está desapareciendo. Si en ese momento recuerda la lección sobre la semilla, llegará a un nuevo entendimiento sobre el significado de la muerte de esa falsa imagen, y cómo su muerte ha dado paso al nacimiento de su nuevo yo. Ahora se le ha otorgado un entendimiento poderoso para cambiar la forma de ver todo lo que hace y todo lo que hasta ahora pensaba que era. Dos verdades sencillas se han conjugado en este momento y su combinación abre un nuevo mundo de conocimiento para usted.

Nadie sabe cuanto valor espiritual hemos acumulado como resultado de nuestro esfuerzo, ni tampoco sabemos cuando esas dos partes se integrarán para formar un nuevo poder. Debemos continuar pacientemente con nuestro trabajo, sabiendo de antemano que podemos estar a mitad del camino de la victoria, como de permanecer en cautividad si no hacemos algo por cambiar. Existe un tremendo poder en el tener una meta definida y una persistencia sin desfallecer.

Nuestro esfuerzo y deseo ferviente de entender los principios de las fuerzas superiores expuestas en este capítulo, nos presenta las revelaciones que eventualmente nos guiarán hacia una posición superior. Nuestro deseo persistente por encontrar la verdad nos permite utilizar las energías máximas del universo. En esa energía se encuentra la autoridad superior que nos devuelve el control de nuestras vidas.

Nota especial

A partir de este momento, retará conscientemente al derecho de cada energía negativa de manejar su vida. Utilice su fuerza interna para exigir que esta negatividad desaparezca. Los estados negativos no tienen vida por si sólos, así que apartando su vida de ellos es como demandar que esa presencia oscura se desvanezca.

Guy Finley

Freedom From The Ties That Bind

8

> *¿Quién puede hacer del barro agua cristalina?*
> *Pero si dejamos el agua sin agitar, poco a*
> *poco se aclarará por sí misma.*

Lao-Tsu

ENGRANDEZCA SU MUNDO A TRAVÉS DEL CONOCIMIENTO

Las olas golpearon la orilla con delicadeza mojando la playa alumbrada por la luna plateada. Una joven pareja caminaba en silencio sobre la espuma alrededor de sus pies en su retorno al tranquilo mar. Una noche perfecta. De repente la joven apuntó hacia el cielo brillante y exclamó: "Mira allá, una estrella fugaz".

El joven volvió a mirar, pero ya era muy tarde. A excepción de las estrellas brillantes, el cielo permanecía calmado.

El joven parecía agitado. "No entendió", él se quejó. "Tu tienes mucha suerte. Siempre he querido ver una

149

estrella fugaz, pero nunca he podido, pero tu siempre las ves. ¿Por qué pasa eso?" La mujer encogió sus hombros y sonrió. "Yo no se", ella dijo. "Quizá pasa porque siempre las estoy buscando".

Esta corta historia nos da una enseñanza fácil de ver, pero su contenido guarda una lección mucho más profunda. Para empezar, no podemos encontrar algo que no estamos buscando. Tan simple como eso. Pero ahora analicemos la idea desde otro ángulo que nos da un sentido más profundo. Lo que "encontramos" en la vida, mejor dicho, lo que llena nuestra vida momento a momento, es siempre el resultado de donde ponemos nuestra atención.

Por ejemplo, y volviendo a la historia, ¿dónde tenía puesta la atención el compañero de la joven con "suerte" cuando ella vio la estrella fugaz?.

El hombre quizás estaba pensando en sus negocios, en llamadas telefónicas, o de pronto en su familia, su casa, o cualquier otra situación diferente a lo que estaba sucediendo en ese momento. El no estaba admirando el esplendor del cielo, ni sentía el poder del mar, su quietud y grandeza. El estaba pero "no estaba" allí.

Por un momento los cuerpos parecían caminar juntos, pero su atención a lo que sucedía era totalmente diferente, en otro espacio, en otro tiempo.

Así pasa con la mayoría de los seres humanos.

Convencidos del mundo limitado que los pensamientos revelan como el único que existe, y que este mundo posee todas las posibilidades disponibles, la mayoría de las personas gastan una gran parte de sus vidas en un continuo ir y venir en este espacio limitado de memorias y esperanzas.

Y la "realidad" de todo esto, de su pequeño mundo en el pensamiento, pasa al frente de ellos casi que ignorada, llevando consigo cantidad de emociones que caminan en círculo, como el miedo, la tristeza, la ira y el falso entusiasmo. Fuertes pero a su vez vacíos, estos sentimientos proveen muchos altibajos que al final no llegan a ningún lado.

Todo esto puede pasar adentro de ese círculo de la vida que se encoge cada vez más. En la medida que ese mundo se achica, la infelicidad crece. Y al ser parte de este estado inconsciente, hombres y mujeres no pueden entender que su tristeza e infelicidad sólo pertenecen a ese mundo pequeño el cual por equivocación ha sido llamado "mi mundo" y nada más.

Regresamos una vez más a la historia. ¿Cómo fue posible que la joven vio la estrella fugaz? En su mente ella siempre había querido engrandecer su mundo. Al saber que ella era la única responsable por sentirse prisionera de su pensamiento, trabajó por muchos años, luchando por su libertad. Muchas veces había caminado por la playa con la tentación de caer en la trampa de sus pensamientos, preocupaciones, sobre dinero, su deseo de tener un hijo, cosas que quería comprar. Pero deseando con intensidad no caer dentro de ese mundo pequeño, ella venía atendiendo sus pensamientos y así encontraba la forma de "salirse" de ellos cada vez que se le presentaban. Ella se esforzaba por disfrutar aquel momento en la playa; el sonido de las olas y el agua fría sobre sus pies la ubicaban en el momento presente. Fue en uno de esos momentos en que miró hacia el firmamento y pudo ver la estrella fugaz. Una recompensa proveniente de la realidad por sus esfuerzos de mantener su atención por encima de su pequeño mundo.

Esa estrella fugaz no fue la única recompensa de esa noche. Más tarde cuando reposaba en su cama, un sentimiento de realidad y naturaleza superior se apoderó de su ser. Por un momento supo que no estaba separada de aquella energía poderosa cuyos rayos alcanzaron cada esquina de su naturaleza más profunda. La mañana siguiente al despertarse, tuvo la vívida sensación de que su vida no volvería a ser la misma.

Así termina nuestra historia. Al final la pareja caminó hasta el final de la playa desierta. Para el joven nada trascendental pasó. Quizá su mundo se achicó un poco más, mientras que la joven, fue un paso más hacia la vida de realidad y libertad. Ella había participado en una corta lucha contra el enemigo íntimo y había ganado la primera de una serie de verdaderas victorias. En cada uno de nosotros hay mucho más por experimentar que la oportunidad dada a través de los pensamientos habituales y limitados. Cada mensaje de "realidad" alumbra nuestro ser como una estrella fugaz que nos empuja hacia el exterior del autoimpuesto aislamiento.

Debido a que usted ha decidido leer este libro, es posible que haya sentido algo similar. Quizá pueda sentir que no está completamente libre y desea experimentar esa vida sin limitaciones que merece disfrutar.

Pero, ¿cómo logramos esa libertad?.

Los ejercicios y lecciones en este libro son como un plan secreto de escape; le dan la respuesta de como liberarse de su enemigo íntimo y la clave para todo el estudio en su proceso de aprendizaje.

"Conocerse así mismo" es quizás la más antigua, sabia, profunda y concisa instrucción espiritual nunca antes mencionada. En realidad es nuestra naturaleza el conocernos a nosotros mismos. De una forma u otra cada uno nacemos con la misión de descubrir nuestra verdadera esencia. Pero a pesar de esto, casi desde el principio de nuestras vidas, nuestros esfuerzos son mal dirigidos. Las esperanzas y aspiraciones por respuestas son apartadas de nuestro ser. Así que, en lugar de ir en la búsqueda del gran tesoro escondido en nosotros, terminamos buscando lugares, personas y cosas con la esperanza de que al final nos revelarán quienes somos en realidad. No importa lo que acumulemos o la sensación de plenitud que la búsqueda nos pueda brindar, al final no tendremos la sensación permanente de haber encontrado lo que en realidad deseamos. Todo aquello no se puede lograr ya que es un mundo en continuo cambio y movimiento. Es así que si queremos encontrarnos a sí mismos, no hay sustitución para el autoconocimiento.

El autoconocimiento y estudio profundo de nuestro ser es lo que nos lleva a la respuesta de quiénes somos en realidad. Es la única forma para familiarizarnos con nuestro pensamiento y todos aquellos LPCT que se presentan continuamente. Y como aquel príncipe que conocimos en el Capítulo 6, el autoconocimiento es la forma de empezar a fortalecernos y no dejarnos llevar automáticamente por cada LPCT que enfrentamos. Como un beneficio superior, el autoestudio nos permite llegar a escuchar una voz, que aún con debilidad, no sólo corrige el curso de nuestra vida, sino que también nos conecta con experiencias superiores y más felices en el camino a recorrer.

Pero, ¿cómo realizamos un buen trabajo interno? ¿Cómo podemos triunfar con nuestro autoestudio y conocimiento?

El autoconocimiento: La ruta hacia su ser superior

Comencemos por analizar lo que no significa un autoconocimiento. Aún cuando autoconocimiento puede incluir lecturas sobre cierta clase de libros, o conferencias de temas de autotransformación, estos materiales aunque parezcan informativos y alentadores, son sólo en realidad instrumentos de preparación. Y ellos tienen su lugar. Después de todo, si va a escalar una montaña, va a querer el consejo de expertos en asuntos sobre el equipo apropiado a usar, así como la instrucción de aquellos que ya han subido a la montaña. Debido a sus experiencias penosas, usted podría ahorrarse contratiempos cuando le toque su turno. Y así por el estilo. Pero todas esas instrucciones y consejos no van a ser capaces de elevarlo un centímetro hacia la cúspide de la montaña. La única forma que puede alcanzar la cima es haciéndolo usted mismo. Usted desea escalar. De la misma forma, el autoconocimiento es algo personal, trabajo individual, para aquellos que sinceramente desean el cambio y por lo tanto deben hacerlo por sí mismos. Mucho más complicado pero menos riguroso que intentar escalar una montaña, el auto-conocimiento nos pide comenzar con los siguientes pasos:

—Honestidad al observarnos lo más frecuentemente posible para ver cuál es la verdadera dirección que nuestra vida está tomando en esos momentos.

—Participar activamente en cada momento de nuestras vidas con el deseo de entender nuestra condición interna en lugar de buscar maneras de justificarla.

—Vivir a partir de un centro de gravedad en nuestro ser: donde el deseo que prevalece es ver la verdad sobre las experiencias diarias que pueden ser útiles en nuestro cambio, en lugar de ignorar esas experiencias con el propósito de proteger aquello que creemos es verdad.

—Dar pasos cortos, pero definitivos hacia condiciones de cambio de personalidad en lugar de evitarlos en forma mecánica, sólo para ver si algún temor psicológico nos revela la verdad.

—Estar dispuesto a apartarse de algunos puntos de vista negativos que no le han permitido entender sus horizontes.

—Evitar reacciones emocionales negativas durante el tiempo necesario para aprender acerca de su ser interior, en lugar de culpar y tratar de corregir causas externas las cuales siempre se tildan como el motivo de la reacción.

Todas estas son condiciones que vivimos a diario, pero el verdadero enemigo está mucho más cerca de nosotros.

Para alguien que hasta ahora se está familiarizando con estas ideas, las observaciones anteriores parecerían no muy difíciles de seguir. Y en realidad para alguien en un estado de conciencia superior, estas son cosas tan naturales como lo es el respirar o parpadear. Pero aquí nos encontramos con un interesante descubrimiento.

Mucha gente cree que si ellos se encuentran físicamente despiertos, también lo están psíquicamente. Quizá lleguen a admitir que hasta que se tomen la primera taza de café en la mañana de pronto no estaban muy alertas, pero después, y el resto del tiempo, están totalmente conscientes. No obstante, este no es el caso. La mente con sus trucos mantiene la decepción en movimiento. Así es como funciona. Tan pronto como se nos señala que no estamos consciente de nosotros mismos, un LPCT aparece de repente haciéndonos creer que lo hemos estado todo el tiempo. Pero este estado de autoconciencia sólo dura unos momentos. Por ejemplo, si alguien le pregunta en este instante: ¿Está consciente de usted mismo? Usted se volvería consciente en ese instante, pensando que siempre lo ha estado. Pero no es así, y en algunos minutos lo habrá olvidado y caerá en estado "inconsciente" una vez más. En este momento nos haría muy bien considerar las palabras de Goethe, las cuales nos hace recordar y a la vez estar conscientes: "Nadie es más esclavo sin esperanza que aquellos que falsamente creen que son libres".

Aquí está otra importante anotación que debemos saber. Nadie comienza el autoconocimiento como un estudiante de altas calificaciones. En realidad, el verdadero autoestudio empieza cuando estamos conscientes de que tan "inconscientes" vivimos nuestras vidas.

No se deje intimidar por lo anterior. Es sabio reconocer que nuestra sabiduría era sólo una suposición. Esto permite que la verdadera sabiduría y el verdadero conocimiento interno crezcan. Nos explica también por qué una de las lecciones más importantes llega cuando ejercitamos y más tarde olvidamos de que era de lo que se trataba.

Por ejemplo, cuando nos damos cuenta con asombro que, aún cuando nos hemos impuesto una meta sencilla como la de estar atentos a cierta clase de reacciones negativas, pasan horas, o tal vez días sin que nos veamos afectados por ese tipo de influencias. O quizá algo tan simple como estar conscientes de las diferentes caras que ponemos en el trabajo cuando hablamos de negocios. Cuando regresamos a casa recordamos de repente que durante todo el día no hicimos ni una sola vez el ejercicio. Poco a poco y día tras día, nos damos cuenta que estamos perdidos entre la neblina del pensamiento. Ahora podemos ver que muchas de las cosas que hemos hecho sin pensar han sido resultado de un frágil y confuso estado emocional. Vemos como en esta situación psicológica peculiar, nuestras prioridades han sido establecidas por los LPCT cuyos propósitos individuales han traído transformación, o en el mejor de los casos, una satisfacción pasajera. Y quizá, lo más importante de todo, un mundo más grande y excitante nos está esperando si tenemos en cuenta que es necesario permanecer lo suficientemente alertas para así poder dejar nuestro pequeño mundo atrás. Ver lo que hemos perdido durante el día es una señal de progreso. Es como el diagnóstico de un doctor hacia el primer paso de la curación.

Nunca nos debemos desanimar por los descubrimientos que los autoestudios nos revelan. Como dijimos antes, estar conscientes de que no lo hemos estado hasta el momento, es el comienzo del verdadero conocimiento. Cuando se incrementa esta clase de conocimiento no habrá cabida para el fracaso; sólo las nuevas oportunidades se presentarán. Al estar más atentos de como nos causamos problemas durante los estados de inconsciencia, obtendremos más fuerzas para descubrir más sobre nuestro ser. Cuando esta clase de petición se torna constante y sincera, la realidad misma hará que todo se materialice.

Beneficios que brinda el autoconocimiento

Muchas veces cuando iniciamos un plan de autoestudio, nos colocamos plazos y metas que son difíciles de cumplir. El deseo inconsciente de este tipo de estudios es simplemente el de llegar a ser "alguien mejor" en lugar de "alguien nuevo".

Quizá tenemos la visión que ahora podremos manejar cualquier situación o circunstancia que nos crea problemas; o que ese nuevo conocimiento nos permitirá controlar a las personas, o por lo menos, no ser afectados por lo que nos hacen los demás. También creemos y esperamos que esa fuerza superior universal nos va a cubrir de riquezas, amor y fortuna. Y más aún, que esas son las cosas que nos van a garantizar nuestra futura felicidad. Pero, ¿es posible que todas esas condiciones externas nos traigan la felicidad interior que deseamos? No, ellas no pueden hacerlo. Lo que se describe a continuación revela el camino hacia niveles muchisimo más altos de la libertad interior: Aún cuando todos esos deseos se cumplan, no harán nada para expander el mundo restringido de nuestro ser. Por el contrario, esas trampas sólo mantienen atado el pensamiento limitado que se ha estrechado en la creencia de su poder individual. Si sólo intentamos un cambio espiritual debido a esas razones "egoistas", simplemente permaneceremos en nuestro mundo diminuto buscando el final de lo que aquí se llama valorar. La única salida de este mundo es a través del autoconocimiento que se inicia al mostrarnos que una vida llena de insatisfacciones (LPCT) no es la respuesta a la felicidad duradera.

Cuando la gente inicia su autoestudio con expectativas erróneas, fácilmente se desanima al ver que no se cumplen. Afirman, a su vez, que este tipo de estudio no provee nada significativo en recompensa por los esfuerzos realizados. Esperando a sentirse bien a sí mismos, según sus ideas obsoletas sobre lo que esto debe ser, nunca llegan a ser parte de lo que el verdadero autoconocimiento les ofrece. Por desgracia, y sin saberlo, cierran la puerta al mundo que los pudo haber recompensado más allá de todo lo imaginado. Esto nos preserva una sorprendente paradoja a lo largo de este estudio.

Guy nos dice que el propósito de esta investigación es no sentirnos complacidos, ni tampoco satisfechos por algunas cuantas imágenes que apuntan hacia una vida superior. El verdadero propósito de la autoinvestigación es el de invitar a algo bueno en nuestras vidas que más adelante nos proveerá con una poderosa y firme sabiduría imposible antes de alcanzar.

Sólo nos podemos beneficiar del autoconocimiento cuando es usado correctamente para el autodescubrimiento, y no como un intento más hacia la autocreación. El verdadero estudio no es un ejercicio para confirmar lo que hasta ahora ha sido, pero si una abertura hacia lo que es y lo que ha sido desconocido.

El verdadero tesoro de la vida

Cuando se trata de estudios de autosuperación, es posible pasar todas las pruebas, pero aún así, perder el curso. ¿Qué significa esto?.

Los esfuerzos conscientes para incrementar el autoconocimiento pueden llevar a un comportamiento más efectivo. Podemos en realidad ganar más control sobre situaciones y mejor percepción de las causas que las crean. Como resultado pasamos muchas pruebas de la vida con altas calificaciones como nunca lo habíamos hecho antes, incluso nuestro nivel de seguridad aumenta y somos menos afectados por las dificultades. Pero a menos que vayamos más allá de esos cambios superficiales esenciales y necesarios para vencer el enemigo íntimo, estos avances mostrarán ser algo un poco más refinado de las imágenes existentes; casi que la adición de comportamientos controlados. En cualquier caso, continúa siendo aquella vieja figura que trata de extraer del mundo pequeño, lo que cree que es válido. "Hemos fallado, por su puesto", porque no hemos aprendido la diferencia entre ser autosatisfecho y autovencedor.

Para ilustrar la diferencia entre estos y otras clases comunes de autocontrol y las recompensas de la verdadera autotransformación, Guy, una vez más, nos da el siguiente ejemplo:

Es posible que encuentre oro en este mundo. Pero si no puede ganar la batalla en su interior, esta riqueza no hará otra cosa que quizá, proporcionarle un sitio más confortable donde continuará con su interminable forcejear.

Sin embargo, existe un oro interior que al poseerlo lo llenará de satisfacción sin importar las circunstancias externas. Podemos llamar a este oro interno "el verdadero autoconocimiento": le enseñará sobre usted y para usted a través del autoestudio. Y le pertenece sólo a usted porque ha llegado al mundo donde existe y se ha adueñado de él. Nadie podrá arrebatárselo y será suyo para siempre. Esta nueva fortuna interior lo enriquecerá transformando sus propias ideas sobre su ser y lo que realmente quiere en la vida. Al poseerlo, todo se vuelve fácil. Y lo más increíble acerca de este oro espiritual es que usted puede tener tanto como lo desee.

Por otro lado, y a manera de precaución, nada es tan fácil, aún cuando nos brinde satisfacción en secreto, que leer cierta clase de libros que crean imágenes de ser sabios y espirituales. Porque muchos de estos libros contienen una clase de "oro de mentira" que nos mantiene atrapados en un mundo imaginario. Por el contrario, el verdadero autoconocimiento puede ser un poco difícil de entender en un principio, destacando nuestra vanidad en la medida que nos muestra que tan limitado nuestro mundo ha sido hasta ahora. Pero también nos provee de una muestra del inmenso mundo que nos aguarda, si vamos en busca del tesoro de la verdad sobre nosotros y lo que puede revelar en su interior.

Amma Syncletica dice:

"Grandes obstáculos y trabajos difíciles les espera a aquellos que han emprendido el camino, pero al final la satisfacción es indescriptible. Si quiere prender una hoguera, el principio del humo lo molestará y le irritará los ojos; pero al final habrá logrado su objetivo".

Como está escrito: "nuestra fuerza superior es un fuego que consume. Es por eso que debemos de encender el fuego eterno en nuestro interior con lágrimas y esfuerzo".

Alcance los deseos del corazón

Así como le sucedió a la joven que conocimos al principio de este capítulo, lo que encontramos en nuestra vida es siempre el resultado de donde colocamos la atención. Si nuestro corazón añora el ver una estrella fugaz, llegará el día en que veamos esa llama cruzando el firmamento. Si seguimos en la búsqueda de oro, en los ríos y bajo las rocas, existe la posibilidad que lo encontremos. Pero cuando buscamos oro con más valor, el verdadero autoconocimiento, tenemos la garantía de que lo hallaremos; y en abundancia. Esperando a ser descubierto. Puede estar seguro de estos resultados si agrega a todo esto lo siguiente:

El factor más crítico es determinar que lo que encontramos está donde colocamos la atención. Y aún haya entendido o no los estudios hasta este instante, siempre ponemos atención en lo que queremos. Un atleta gastará horas, día tras día, perfeccionando sus técnicas. Y de la misma forma, si nuestro verdadero deseo está en liberarnos de las garras del enemigo íntimo, luego cada momento es una nueva oportunidad para practicar y decubrir todas las alternativas que nos lleve a esa autoliberación.

Las oportunidades para el autoestudio —y los cambios que conllevan— se presentan continuamente. Cuando no realizamos esos cambios que deseamos, es porque no estamos conscientes cuando se presenta la oportunidad. En otras palabras, nuestra atención se encuentra en otro lugar. Dejamos que nuestro ser permanezca perdido en un mundo reducido de falsa naturaleza bajo la tiranía de LPCT. Es fácil distraerse de esta manera. La verdad es que cuando tengamos un sentido definido hacia el significado del autoestudio, también nos vemos de seguido apartados de él. Este es un conocimiento esencial y no debe ser descartado. Las siguientes palabras de S. Pablo, explican la condición de su ser: "Yo no hago el bien que deseo; al contrario, hago el mal que no deseo". El sabía muy bien sobre el poder hipnótico y atractivo del enemigo íntimo y como puede hacer que sus deseos parezcan nuestros. El tratar de estar constantemente despiertos y conscientes — al mismo tiempo luchando por salir de ese falso poder gravitacional en nuestro interior— puede ser una experiencia extenuante.

En la medida en que no reconozcamos que tan vulnerables somos a las influencias negativas, parecerá más fácil permanecer en este estado dormitorio. Este es el estado en que hemos crecido y estamos acostumbrados y por lo tanto su inercia tiende a mantenernos allí. Es muy poderosa, y como resultado, somos convencidos fácilmente que apenas una mínima atención es lo que necesitamos.

"Hoy no tengo ganas de hacer algo por superarme" podemos escucharnos decir esto, ó, "estoy muy cansado. Además no hay razón para intentar apaciguar mi mente cuando se encuentra agitada. Mejor voy a esperar otra oportunidad cuando esté más alerta".

No podemos desfallecer entre el poder de esas voces negativas provenientes del interior de la mente. Debemos rechazar la debilidad que el LPCT nos está asumiendo. Si esperamos iniciar nuestro autoconocimiento hasta que creamos que es el momento indicado, nunca lo vamos a hacer, ya que ningún LPCT desea ser desenmascarado como la falsa guía que representa. Debemos comenzar el proceso de autoconocimiento como un acto trascendental, deliberado e inmediato, sin importar si lo deseamos o no. No podemos esperar hasta sentir el momento indicado. Recuerde: cuando se trata de derrotar al enemigo íntimo la "victoria de mañana" nunca llegará. Ahora es lo único que existe.

Volviendo a una idea anterior en este capítulo podría ser beneficioso pensar que el autoestudio es como una clase de prescripción de salud espiritual. Cuando sufrimos de un dolor físico, tomamos medicina constantemente, así lo queramos o no, hasta sentirnos bien.

De la misma forma, debemos estudiar constantemente, haciendo esfuerzos cada día para observarnos en acción. Y como una persona enferma y con deseo de recuperación, es indispensable que entendamos lo innecesario que es vivir una vida de frustraciones y que eventualmente podría ser reemplazada a través del trabajo interno indicado.

Nuestra resolución de vivir una vida real, es aún más acentuada, cuando el autoestudio nos revela que en cualquier momento no estamos conscientemente en comando de nuestras acciones, es algo mecánico que está a cargo de nosotros. En este estado psíquico inconsciente y dormido, somos vulnerables y cualquier LPCT puede llegar y tomar el comando de la situación. Pero aún más importante es el hecho de que cada vez que respondemos en forma inconsciente, perdemos una vez más una preciosa oportunidad de cerrarle el camino al enemigo íntimo para siempre.

Escápese hacia una vida mejor

Cuando pensamos sobre nuestra vida, es claro que hacemos lo mismo todos los días. Nos alistamos en la mañana, desayunamos. Luego, quizá vamos de compras, etc. Con tal repetición, no tarda mucho en convertirse en una rutina.

¿Dónde se podría renovar una acción que se repite constante e inconscientemente? ¿Dónde está lo agradable de comer una vez más? Seguro que nos da placer, pero por medio del autoestudio, podemos hacer algo más que sólo tratar de complacernos día tras día de la misma forma ya conocida. Podemos sentarnos y mirar con detalle cada acción que enfrentamos, pareciéndonos familiar, y así vemos con gran satisfacción las nuevas aventuras que este estado de atención nos brinda.

El autoconocimiento adhiere una completa y nueva dimensión a nuestra diaria experiencia. Al recordar observamos con frecuencia, que es una forma de descubrir un mundo tras el otro —tanto el mundo en nuestro ser, como el que nos rodea—. Aún el encuentro más superficial puede ser una mina de oro si recordamos estar despiertos para mirarnos con detalle así como a los demás.

Por ejemplo, hoy trataremos de permanecer despiertos durante las actividades sociales sólo para ver si el tópico de la conversación llega a su final. Por supuesto, muy pocos participantes lo estarán, ya que inconscientemente cada uno redirige la conversación hacia otros temas que generalmente ocurren con el mundo que los rodea. Al darnos cuenta de este peculiar fenómeno psicológico, no intentamos cambiar el comportamiento de la otra persona, ni siquiera hacemos notar ese tipo de charla sin sentido; pero si aprendemos cómo continuamente nos encontramos desubicados. Al descubrir la trampa del LPCT, también descubrimos el secreto para mantenernos en un simple y más exitoso enfoque.

Es fácil de encontrar áreas fructíferas donde aplicar el autoestudio. Para señalar una de ellas, todos hacemos parte de actividades diarias que con facilidad nos trasladan a esos estados inconscientes (desprevenidos). Quizá hablando por teléfono con un amigo o mirando televisión. Una vez identificado este comportamiento podemos hacer un esfuerzo extra para despertarnos y luchar para no ser colocados en ese estado otra vez. Para mejores resultados, identifique esos momentos y condiciones donde su tendencia de dormir es más notoria. Quizá al ver una película en la televisión o en el cine, note con qué intensidad sus emociones son afectadas por la música de fondo de una escena en particular. Podría hasta interrumpir la película por unos minutos, exactamente en la mitad de la situación, sólo para ver como eso lo hace sentir. Esta es la idea. Ubique esos lugares donde tiene más tendencia a dormirse y haga algo al respecto. ¡Trabaje para cambiar esta situación!.

Cuando nos despertamos de súbito y conscientemente nos apartamos de una situación, lo que en realidad hacemos es alejarnos del continuo flujo de nuestros pensamientos. Este flujo emocional o mental es la única fuerza capaz de llevarnos en otra dirección. Por fortuna descubrimos que mientras más practicamos liberarnos de esta forma, más libres llegamos a ser. Qué gran día será aquel, cuando en lugar de ver toda situación de la forma como el enemigo íntimo nos indica, podemos vivir esas mismas situaciones para escapar de su estrecho mundo. Poco a poco nos cercioramos que todo acerca de esta vida es una oportunidad para un autoconocimiento. Ahora tenemos algo nuevo cada momento; aún caminar no es sólo caminar, es un viaje hacia el autodescubrimiento.

No importa lo que hacemos concientemente. Podemos crear formas para vigilarnos y, con cada intento, reconocer el mundo restrictivo que ha sido creado a nuestro alrededor y que habitualmente lo hemos venido aceptando.

Cuando vemos el mundo como realmente es, no aceptaremos ir más con la corriente de pensamientos y memorias negativas. Desearemos ser residentes permanentes de un mundo de realidad y de verdad.

Así nuestra atención es siempre enfocada en la búsqueda de aquella estrella fugaz de autorevelación, que nos guía hacia una nueva vida que estamos a punto de experimentar.

Perspectivas que garantizan la autorealización

Pasa muy seguido que algunas personas pierden su interés en el autoestudio. Ellos se rinden porque no ven resultados inmediatos en su trabajo. Ahora, más que nunca, parecen que están más dormidos e inconscientes que antes. No se deje llevar por las apariencias. Esos pensamientos que lo invitan a abandonar su estudio provienen de la mente del enemigo íntimo. La única arma que esta falsa imagen posee es el poder de desanimar. Así que, ¡no lo escuche! En lugar tenga en cuenta que aunque falle muchas veces en subir la montaña, el autoestudio y la autorealización son dos ideas que significan lo mismo si es capaz de mantenerse en el camino hasta su final. Todo lo que tiene que hacer es desear con toda su alma el cambio total. Allí encontrará otra increíble ley sobre la vida superior que lo ayudará a lograr su éxito:

Comenzar de nuevo es siempre posible ya que ahora todo es algo nuevo.

La vida continuamente se renueva en el tiempo presente y usted también lo hace. Las voces negativas que vienen del enemigo íntimo proclamando que no va a ser capaz de lograrlo, se originan sólo desde lo que había sido su mundo hasta ahora y no desde la vida que lo aguarda con continua renovación. Al ver la verdad de esta forma, le dará la fuerza necesaria para apartar esos sentimientos de fracaso y así iniciar sus estudios una vez más.

Guy nos ofrece los siguientes pasos para ser leídos una y otra vez como parte vital en el autoestudio y la importancia de empezar de nuevo:

—"El poder de comenzar de nuevo está en la naturaleza misma de la realidad. Acepte cada final infeliz o derrota como alguna condición pasajera. El autoestudio verdadero le demuestra que no existe eso que llamamos derrota y, en cuanto a la voz que le habla de su derrota, es tan sólo el eco del tiempo pasado, algo que ya fue y se dejó atrás. Lo que fue ya no existe, a menos que permita al enemigo íntimo convencerlo que ese eco es su realidad".

—"Todos los sentimientos de fracaso, incluyendo aquellos asumidos inconscientemente, han llegado hasta el límite. Libérese de esa autolimitación enfrentando cada momento de derrota con la clara idea que no hay fronteras en su habilidad de aprender sobre usted".

—"Así como los ojos sólo pueden verse así mismo a través de un espejo, su derrota interna sólo puede ser vista por aquellas imágenes mentales que resultan de su propia creación. Así que, cuando vea la derrota a través de los ojos de su mente, recuerde en ese momento quien la puso allí". Ver a través del dolor, es ver sus raíces y las condiciones que lo crearon. Ver que inconscientemente usted colocó esa imagen en su mente, es el principio de su curación interna, que sólo el autoconocimiento real puede proveer".

—"Cada momento que el autoestudio le muestra el estado adormecedor espiritual en que se encuentra, puede ser usado para despertar y recordar que siempre tiene una nueva vida por venir. Así podemos ver que aquella voz interna que lo llama perdedor, debe ser el foco de su autoestudio en esencia, y no la imagen que se refleja de usted".

Deje que la luz combata en su lugar

Las verdades que descubrimos a través del estudio gradualmente desalojan los falsos conceptos e ideas; esas ideas equivocadas que nos han mantenido en continua lucha con nuestro mundo interior y nuestro pensamiento condicionado. No podremos avanzar claramente en el camino interior si dejamos que los pensamientos nos lo muestren. El comienzo del verdadero camino empieza al reconocer que no existe uno que haya sido creado por la mente. Este conocimiento se nos revela a través del estudio. La verdad quiere guiarnos, pero no podrá hacerlo en la medida en que permanezcamos con capas y capas de concepciones erróneas, bloqueando lo que todavía es pequeño, pero a su vez, voz superior. Así que el propósito del autoestudio no es construir lo que el pensamiento nos dice que es bueno para nosotros, pero si detectar y rechazar todo aquello que es equivocado.

El autoestudio es como el camino real hacia una imagen superior. El nos brinda increíbles descubrimientos, momentos de felicidad, nueva energía y entusiasmo para la vida. Pero para llegar a ese nivel se requiere esfuerzo constante y también una serie de contratiempos, confusión y aún a veces el sentimiento de estar perdidos. Pero tenga la plena seguridad que nada real puede ser perdido, así como la luz del sol no podrá ser opacada por la sombra de la luna. Existe un sentido lógico de todas las cosas. El autoestudio es la luz que revela todas las sombras tal y como son. Deje que la luz combata por usted.

Nota especial

"... debemos empezar donde empezamos, y hay que olvidarnos de las preocupaciones de ese comienzo. Es suficiente dar el primer paso, sin importar donde se dé. ¿Qué diferencia existe entre flotar en una u otra parte del río? Al final, todas sus aguas llegarán al océano.

Nunca deje que el desaliento diga la última palabra y un día no habrá nada más que discutir. Usted podrá tener cuantos comienzos quiera sólo si está dispuesto a dejar atrás todas sus ideas. Nada en este mundo, o quizá en otro, podrá detenerlo de descubrir su ser libre y original. Este ha sido siempre su destino..."

Guy Finley
Desing Your Own Destiny.

9

> *Cuando buscamos la verdad por primera vez pensamos que estamos lejos de encontrarla. Cuando descubrimos que la verdad ya se encuentra en nosotros, nos convertimos en un todo, en un único ser.*

— Dogen

LA LIBERTAD DE VIVIR COMO REALMENTE SOMOS

Imaginémonos en la mitad del verano, un viernes en la tarde, en la ciudad de Nueva York. Miles de personas caminan por las calles de Mahattan. Nadie nos puede ver porque somos testigos invisibles, detectives privados. Como parte de nuestro estudio escogemos a un hombre que camina de afán, atravesando Wall Street.

Es un hombre distinguido, a punto de cerrar un negocio grande e importante, y es esencial que firme unos documentos antes que cierren los bancos por el fin de semana. La expresión de su cara, sus gestos y su postura, sobresale en el resto de la muchedumbre revelando una clara imagen de confianza y determinación. Es la clase de hombre que con sus movimientos demuestra su creencia en que la victoria está al alcance de sus manos.

Dejando a un lado este hombre para que termine con sus negocios y para continuar con los estudios, buscamos nuestro siguiente sujeto. Llegamos al último piso de un edificio exclusivo donde hay un gimnasio. Arriba en lo alto, lejos del ruido de la ciudad, nos encontramos en medio de un oasis con árboles exóticos, una piscina que invita a bañarse y una fuente con melodiosos sonidos producidos al caer el agua. Una señora adinerada se encuentra reclinada en una de las sillas, sus ojos se esconden tras sus lentes de sol, el cabello lo tiene cogido como un turbante, su cara cubierta con cohombros, ha perdido su expresión alrededor de su boca.

De regreso en las calles otra vez, entramos en un café en una de las calles donde las edificaciones se encuentran en mal estado. Un hombre de edad madura, se encuentra sentado en una de las butacas mirando fijamente lo que le queda de su sandwich sin darse cuenta de la cantidad de platos sucios que han sido colocados a su lado derecho.

Hemos visto la vida en ese instante de tres personas aparentemente muy diferentes, pero a su vez comparten un secreto en común. Una característica psicológica en su interior que determina el por qué están haciendo lo que hacen en un momento determinado. Pero estos tres no son los únicos que tienen ese secreto. La verdad es que la mayoría de los hombres y mujeres llevan consigo el peso de ese secreto sin darse cuenta del malestar invisible que les causa.

Ahora, retornando a nuestro ejemplo, el secreto de sus vidas, que ellos mismos no lo saben, es que se comportan como lo hacen, y buscan lo que buscan porque se sienten apartados.

El hombre que corre hacia el banco, tiene la esperanza, esta vez, que va a ganar mucho dinero para finalmente conseguir esa confianza y éxito que está buscando. El tendrá mucho más control sobre sus acciones y por fin logrará establecer cimientos fuertes en su vida que nadie podrá arrebatárselos.

La mujer en el gimnasio también siente que hay algo que no encaja bien en su vida. Piensa quizá que con el perfecto tratamiento de belleza y ejercicios aeróbicos, restaurará su sentido de juventud que la hará sentir que no es muy tarde para llevar a cabo sus sueños y aspiraciones.

El hombre en el café se siente sólo y aislado, engañado por el mundo, que según él, lo ha privado de lograr y llegar a ser lo que siempre ha querido. Incapaz de entrar de nuevo en el campo de batalla donde ha sido derrotado muchas veces, ve pasar el tiempo en la mesa del café; contemplando sus resentimientos y frustraciones, excava en su memoria en busca de algo o alguien a quien culpar por su vida que aparenta no tener esperanza.

Mire a su alrededor, en cualquier momento y donde quiera trate de ver más allá de cómo la gente actúa en el teatro de la vida. Mire más allá de sus apariencias y similitudes y verá que todos comparten algo en común: La gente hace lo que hace para poder sentirse completos y realizados. Sienten que hay algo en la vida que les hace falta. En otras palabras, se sienten aislados. Y la razón por la cual permanecemos de esta manera, a pesar del dinero que acumulamos, o los sitios que conocemos, o las cosas que hacemos para resolver ese descontento psicológico que sentimos, es porque no sabemos de qué estamos aislados y no entendemos la manera como lo estamos. Sólo sabemos en lo profundo, en un nivel inconsciente, que con frecuencia nos sentimos aislados e incompletos.

Sin saber la verdadera causa de esos sentimientos, buscamos una explicación a nuestra manera. En lugar de decir, "me siento aislado", decimos "no tengo dinero", o "tengo miedo", o "me siento abandonado y sólo". Cada uno de estos problemas percibidos en esa forma trae consigo una solución: "hay que ganar más dinero", "presentarme con más autoridad", "vengarme de aquellos que me han causado tanto dolor". Y si todo esto no es suficiente, "sentirse abatido por el fracaso personal, incrementando la evidencia de la insensibilidad que cubre al mundo".

Así que vamos en busca de las soluciones de acuerdo a la forma como nos las hemos presentado, pero ninguna de ellas nos brinda el último estado de totalidad que deseamos. No es posible, ya que el problema no se origina en el estado de nuestras finanzas o en las relaciones personales que tenemos con los demás. Tampoco es debido a la forma como nuestros padres nos criaron o la manera como el gobierno maneja las cosas.

Así que todos los intentos que hacemos para arreglar el problema que nos afecta, no funcionan y no llegan a la raíz de la infelicidad que padecemos. El dolor que sentimos en un momento dado, sin importar si creemos en la causa que lo ha creado, es debido a que en realidad estamos aislados del saber cuál es la conexión con el verdadero sentido de nuestras vidas. No nos sentimos como parte esencial del mundo a nuestro alrededor, recibiendo energía proveniente de algo superior. En lugar, nos sentimos en enemistad con la vida, forzados a hacer lo que hacemos, en constante trabajo y a proveernos por sí mismos una sensación de satisfacción y plenitud.

Somos como aquel pordiosero que ha sido invitado a pasar la noche en el castillo del Rey. Sin darse cuenta que es un invitado de honor, y pensando que tiene que escarbar por todos lados para encontrar comida, esconde y roba sobras en la cocina, que tampoco lo satisfacen. Su incapacidad en entender su posición en ese momento, lo previene de ver el inmenso banquete que generosamente ha sido desplegado en la mesa del comedor, donde puede tomar todo lo que desee. Incapaz de ver la abundancia que lo espera, quizá hasta puede culpar al Rey por haber sido tratado con crueldad.

Entonces, ¿qué es lo que nos impide ver la vida que nos rodea con plenitud? ¡Si, tienen razón! Es el enemigo íntimo que en primera medida nos aísla y luego nos involucra, constantemente, en una batalla imaginaria.

La naturaleza falsa aparece en todo momento para imponer su distorsionada interpretación de cada situación; para juzgar bajo sus términos y condiciones la forma como las cosas deben ser. Cada vez que surge un nuevo LPTC, su misión es darnos una sensación de totalidad momentánea. Al satisfacerse a sí mismo, nos priva del verdadero significado de la vida.

Controle a quien lo controla

En cualquier momento, el LPCT nos convence que su mundo es el correcto y que no existe la posibilidad para que exista algo más. Para romper su control, tenemos que sorprenderlo en el acto de hacernos percibir la vida a su manera para lograr su perpetuidad. Al comprenderlo ganamos conocimiento de cómo el LPCT nos aísla de la realidad de la vida. Lograr esto no es fácil ya que eso es lo que somos.

Si aprendemos a utilizar las experiencias diarias de los demás en nuestra educación, las oportunidades de conocimiento serán infinitas. Ya hemos visto que el poner atención a las conversaciones puede ser una fuente importante en el estudio. Miremos ahora un poco más profundo en este ejercicio para ver como otras posibilidades de autorevelación pueden provenir de los demás.

Este es un comportamiento particular cuando estamos con un grupo de amigos; si le ponemos atención, nos podrá revelar el por qué nos sentimos aislados. Cuando se encuentra disfrutando de una charla, quizá a la hora de la comida, observe que cuando es el turno de hablar de cada persona, casi siempre hablan de ellos mismos. Nadie puede decir algo o hablar de un tema sin que otra persona conozca o altere algo sobre dicho tema, sin importar que tan distante el comentario llegue a ser. Por ejemplo, ella menciona una receta magnífica para cocinar mariscos, y él introduce el comentario que los mejores mariscos que ha probado fue en Boston. Cinco minutos más tarde la conversación se centra en la visita a esa ciudad. Cada uno expone su experiencia al respecto, muchos son "expertos" en la materia y pronto todos quieren la oportunidad de exponer sobre ese tópico. La gente no habla unos con otros, ellos hablan así mismos. No importa que tema se traiga a la conversación, lo importante es hablar acerca de ellos mismos. Cuando otros mencionan el tema para acomodarnos a sus propias necesidades, el que originó la conversación se siente irritado. Y cada vez que la gente dirige el tema hacia ellos mismos, o se molestan porque el tema que expusieron ha tomado otra dirección, se apartan y aíslan por sí sólos.

Las observaciones de este comportamiento revelan que la naturaleza de la falsa identidad es egocéntrica. No puede existir fuera del núcleo de su propia experiencia, así que se aferra a cada instante para poder describir y revivir esa experiencia. Todo debe girar alrededor de los núcleos del LPCT en ese momento, o el LPCT desaparecerá, lo cual pasa con frecuencia. Pero la desesperación de ese LPCT no es problema para la falsa imagen en su conjunto. Es apenas un soldado en la guerra. Hay muchos esperando ser enviados al campo de batalla.

Quizá un LPCT trata infructuosamente de dirigir la conversación hacia sí mismo causando su terminación inmediata, pero es reemplazado al instante por un LPCT irritado que provee un nuevo enfoque donde la persona puede refugiarse y empezar todo de nuevo una vez más.

Sabiendo de antemano que por lo general los LPCT son los que manejan la conversación y no los individuos genuinamente interactuando, es raro que exista una verdadera comunicación. La palabra comunicación tiene sus raíces en la palabra "comunal", que puede ser definida como energías que interactúan sin interferencia. Pero los LPCT son, en su origen, energías que interfieren. Nos sentimos aislados porque los LPCT comúnmente están haciendo el esfuerzo de aislarnos en secreto.

Cada nuevo LPCT nos convence que si triunfamos en hacerlo sentir permanente, también nos sentimos permanentes y cada vez caemos en esa trampa porque no sabemos de que estamos siendo aislados, ni tampoco tiene nada que ver con la fórmula para la felicidad y el éxito.

Equivocadamente creemos que hemos sido apartados de aquel sentimiento de aprobación o del sentirse bien por el hecho de poseer bienes materiales. Creemos que si sólo pudiéramos solucionar ese problema, nos sentiríamos bien.

Pero en realidad ninguna emoción o pensamiento puede explicar de qué estamos apartados. Mientras más queramos sentirnos satisfechos de la forma como el LPCT nos sugiere, más nos sentimos apartados.

Algunas veces el comportamiento sugerido por el LPCT da resultados, otras veces no y nos encerramos un poco más. En ambos casos se demuestra la existencia de la falsa imagen y el verdadero ser es enterrado en un círculo de pensamientos y acciones que nos alejan de encontrar la vida en plenitud.

Al ver que nuestros intentos, una y otra vez, por hacernos sentir plenos nos dejan con un sentimiento de vacío y de nuevo en la búsqueda, ganamos la fuerza necesaria para rechazar el liderazgo de los LPCT. Al hacerlo, la estructura falsa de esa imagen empieza a derrumbarse dando paso a algo nuevo y real como parte de una novedosa experiencia de vivir.

Encuentre la magia en cada momento

En una de nuestras reuniones en el verano, Guy sugirió hacer algo diferente. En lugar de reunirnos en el salón usual, íbamos a trasladarnos a un parque cercano a las orillas de un río. Sabíamos que iríamos a escuchar algo especial esa mañana; algo que nos iba a apartar aún más de esa vieja estructura de nuestro ser. Y eso fue lo que pasó. En su charla, nos mostró claramente la diferencia entre el mundo enclaustrado en el pensamiento, en el cual usualmente vivimos, y el universo abierto que se expande mucho más allá de nosotros.

El empezó refiriéndose a un dicho popular que dice: "hay mucha más realidad que la que el ojo puede ver" y luego cambió un poco la frase diciendo: "hay mucha más realidad de la que el "yo" puede ver". En otras palabras lo que quería decir es que esas experiencias que habitualmente vemos como normales, existen y hacen parte de un universo más grande que falta por descubrir; y el estar atentos a nuestras acciones, es lo mismo que tener la oportunidad de darle una mirada a esa realidad inmensa y esparcida que nos ofrece el mundo exterior iluminado.

El jugo de la sandía es dulce, y el jugo del limón es amargo. Aún cuando son diferentes, ambos están compuestos de agua. ¿Por qué uno es dulce y el otro amargo? ¿Qué hace que el agua tenga diferente sabor? Algo diferente en la semilla de cada planta absorbe los químicos de la tierra y los procesa en forma diferente. ¿Qué inteligencia decidió que esto debería ser de esa manera? ¿En qué forma la inteligencia actúa en nuestras vidas?.

Si se hace estas preguntas, de la misma forma que nos las hicimos la mañana de ese verano, usted empezará a ver un nuevo mundo en ese mismo instante; un mundo abierto y ordenado, un mundo invisible de sabiduría a su alrededor, que se revela en las formas físicas que hasta ahora han sido difícilmente notadas por los demás.

Si podemos ver la belleza de ese mundo por descubrir, que pacientemente espera nuestra entrada consciente, entonces nos debemos hacer la siguiente pregunta, sin importar lo difícil que parezca: Cuando se nos ha dado la oportunidad de renovar y explorar mundos superiores al alcance de nuestras manos, ¿por qué desperdiciamos tanto tiempo pensando acerca de cosas que nos atormentan y probadas de antemano que no tienen ningún valor? La verdad es que no estamos atentos a nuestra propia experiencia en la vida. Perdemos oportunidades porque nosotros mismos estamos perdidos.

Al encontrarnos atados al mundo de los LPCT, casi que no vemos nada más que la falsa imagen del momento en que se presenta. Así que los milagros a nuestro alrededor se nos pasan por lo alto, perdiendo como resultado lecciones vitales de la vida. Lo que deberían ser nuestras experiencias, son manipuladas por la interpretación del LPCT. Esas interpretaciones son por lo general la interpretación de algo sacado de nuestro pasado una y otra vez más.

¿Puede ver como afecta nuestra diaria experiencia el vivir la vida de esta forma? Constantemente nos llena la vida con un sentimiento de aburrimiento que, en forma sarcástica, puede ser definido como "ya he estado allí", "ya lo he hecho", "ya lo conozco".

Un automóvil nuevo, una nueva relación amorosa, un viaje, un bello día: El disfrute de todo lo anterior es estropeado por una relación inconsciente que le dice "ya ha pasado por esas".

La gente llega a los extremos tratando de buscar nuevas sensaciones, creyendo que la espontaneidad y el placer que están buscando lo encontrarán en la siguiente actividad. Ellos nunca se dan cuenta que no importa lo que hagan, nunca puede ser nuevo, ya que dicha experiencia es producida por mecanismos viejos que distorsionan todo lo nuevo en algo que ya ha sucedido.

Por el contrario, en la vida real, esto es original. Recuerde aquellos momentos cuando estuvo en el parque, o en la playa, o en el jardín. ¿Qué es lo que hace que el estar cerca de la naturaleza se convierta en espléndido y sagrado; qué es lo que le produce un gran sentimiento de placer? Por ejemplo, piense en el sonido de un riachuelo, ¿qué es lo que lo hace agradable? ¿por qué lo encontramos fascinante? Es porque el río nunca suena lo mismo dos veces. Y es lo mismo cuando miramos la naturaleza. Cada momento es original. Y en el mundo de la naturaleza todo lo que vemos es original.

No hay un árbol de pino idéntico a otro. No hay ni un pájaro idéntico a otro de la misma especie. Aún su cantar, aunque tiene patrones reconocibles, nunca suenan exactamente
igual. ¿Por qué es que en un mundo que se renueva continuamente, nosotros no sentimos esa continuidad de renovación? Es porque no enfrentamos esta transformación con
algo nuevo en nosotros, vivo y al instante. No experimentamos la vida directamente. Por el contrario, es un LPCT tras
otro que confronta la vida por nosotros. Y como el LPCT es
el producto de la memoria, e interpreta todo para satisfacer-
la y crea un resultado momentáneo, el mundo que experimentamos se convierte en viejo y repetitivo.

Es posible, en verdad, que deliberadamente estamos
viviendo, lo que Guy define, como Primera Persona.
Nacemos con una naturaleza que es tan nueva como cada
momento original, y que siempre se encuentra con un
nuevo momento por primera vez. Las nuevas experiencias
que pasan con facilidad a través de la nueva naturaleza no
son la creación de una experiencia pasada, lo que significa
que cada una es incompatible.

Ese ser original y libre que experimenta todo directamente, está en relación constante con la vida, no interfiere en ella
y no desea ser diferente. No desea una identidad propia en
cada situación ya que tiene todo lo que necesita.

Compare este ser con aquel estado de penalidad que
rodea la vida de un LPCT y verá con claridad: Sólo podemos
ser felices cuando vivimos la vida como la primera persona.

Cómo liberarse de usted mismo

Es importante en nuestra transformación interior que tomemos ventaja de cada oportunidad que se nos presenta. El enemigo íntimo quiere apartarnos de la vida real y mantenernos en su mundo estrecho que ha creado. Esta es la única forma que puede perpetuarse. Algunas veces el mundo en donde nos encierra no parece un campo de batalla, por el contrario puede parecer como un parque de diversiones que llama a celebrar la victoria. Pero esto es siempre temporal. Al final siempre nos conduce a la frustración; y siempre nos deja con el sentimiento de abandono.

En el pasado no sabíamos que podíamos rehusar a seguir al LPCT hacia el campo de batalla, y por lo tanto siempre lo hicimos. Pero ahora hemos aprendido que aquel campo de batalla es una ficción evitable.

Esta es una habilidad espiritual que se puede y se debe desarrollar. Cada parte de nuestro ser condicionado no quiere que esto suceda. No tiene tolerancia para la experiencia de la primera persona; quiere que todo permanezca sin cambiar.

Creando condiciones deliberadamente que incrementen nuestra atención, empezamos a experimentar la vida en forma directa, sin la interferencia de la falsa naturaleza. Claro que al final, cada uno de nosotros debe crear nuestras propias situaciones donde esta nueva experiencia puede ocurrir.

Guy sugiere una serie de ejercicios donde la mente no será empujada a responder de la forma usual. Practicando uno de estos ejercicios, aumentamos las oportunidades de ver que es lo que significa vivir en la primera persona:

1. Ponga atención a condiciones inusuales que tienen el poder de retarlo psicológica y emocionalmente. Cientos de oportunidades de este tipo se presentan a diario. Por ejemplo, en lugar de dormir hasta la hora en que generalmente se levanta, levántese de la cama en el momento en que se despierta en la mañana. El adormitado LPCT quiere esperar hasta que suene la alarma en su reloj, o que sea cierta hora. No desea el trabajo de enfrentar el mundo sin un plan preestablecido. La experiencia de la primera persona es enfrentar al mundo a una hora desacostumbrada para familiarizarse con la luz de la mañana y los nuevos sonidos. La parte de usted que siempre desea volver a dormir ya se ha empezado a quejar: "No me gusta esto". Por ser esta la primera vez quizá no le guste. Pero este no es el propósito. La idea aquí es que que quien está diciendo que no le gusta no es el verdadero usted. Es la falsa imagen. Su misión es detectar y rechazar esta segunda persona, lo cual se hace cada vez más fácil al ver que nunca hay algo nuevo en esta segunda identidad.

2. Siéntese sólo, en algún lugar tranquilo y callado, apartándose de cualquier forma de distracción. No se vaya a dormir ni tampoco entre en estado de meditación. Sencillamente siéntese allí sin nada que hacer, ni nada en que pensar. Dese cuenta como algo adentro de usted le dice continuamente que haga algo o lo trata de mover de un pensamiento a otro. Cada vez que se de cuenta como sus pensamientos han empezado a moverse, regrésese al momento y estado en que está viviendo en ese instante. Dese cuenta como se siente diferente al separarse de todo aquello que

por lo general le dice quien es usted. Se está colocando frente a frente con usted mismo.

Ahora, no cometa el error de imaginar algo espiritual que cree debería estar viviendo. Cerciórese de quien es usted en realidad. Darse cuenta de esta forma de ser y las formas usuales de identidad, es una experiencia de la primera persona, y puede ser el primer paso hacia todo un nuevo mundo.

3. Aléjese deliberadamente de una clase de comportamiento y enfrente la vida desde otro punto de vista. Por ejemplo, rehúsese a juzgar el comportamiento de otra persona, como lo haría en otras circunstancias.

Normalmente enfrentamos cada experiencia con una canasta llena de expectativas y demandas. Sin importar el resultado, siempre sabemos qué hacer. Si las cosas salen como esperábamos, sentimos que teníamos la razón. Si no, se convierte en una excusa para estar enojados. En este ejercicio, intentamos dejar atrás todas las expectativas y demandas hacia el comportamiento de otra persona. Sencillamente observamos lo que hacen, sin hacer ninguna clase de comentario ni juicio que vaya a valorar el significado de sus acciones. Al hacerlo nos apartamos del LPCT que nos incita a entrar en la identidad de los demás. Si fallamos y nos damos cuenta que hemos hecho una crítica de todos modos, nuestro nuevo sentido de la atención nos muestra lo inofensivo que estos juicios siempre han sido para nosotros y los demás. Como resultado, cada interacción se convierte en la experiencia de la primera persona, y sus beneficios en todas sus relaciones lo pueden sorprender.

4. Intente pasar un día entero donde el único momento en que habla, es cuando le hablan. Su primera reacción al pretender hacer esto puede ser difícil de aceptar. La inconformidad que nos crea prueba lo que hemos venido diciendo hasta ahora: Un aspecto importante cuando interactuamos en nuestro intento de reforzar contínuamente nuestra identidad. Al darnos cuenta como nos sentimos cuando esperamos nuestro turno para hablar, muestra claramente que la conversación siempre se ha dirigido hacia nosotros. También nos damos cuenta de los demás, porque quizá, es la primera vez que en realidad los escuchamos.

5. Si tiene algo que hacer que le tomará cuatro o cinco días para hacerlo, demórese un poco más. Al hacerlo un LPCT se quejará de lo lento e incapaz que es usted. La verdad es que tiene otras cosas que hacer. ¿Qué es lo que lo empuja a estar siempre de afán y a las carreras para terminar las cosas? ¿Dónde va a parar todo eso? ¿Ha llegado alguna vez "allá" y permanecido ahí, para así no tener más afanes? Enfréntese a esta identidad falsa y descubrirá sentimientos que nunca antes había experimentado. Esta es otra oportunidad para sentir que es experimentar como la primera persona.

Los ejercicios anteriores nos guían hacia un nuevo universo. Sin embargo, sus beneficios podrían tomarse a la ligera en un principio debido a que nos hacen sentir incómodos.

¡De eso se trata! De todas maneras nos sentimos incómodos. Estos ejercicios nos dan la oportunidad de ver que nuestra imagen personal no es real y no tiene la capacidad de ayudarnos cuando nos encontramos en una situación que la requiere. También vemos que cuando nos deshacemos de la inconformidad, la vida sin LPCT es muy agradable. En realidad mucho más que agradable. Saboreamos una clase diferente de experiencia. Empezamos a sentir los beneficios de abrir nuestro círculo personal, nuestra habilidad de desechar LPCT continuamente, se incrementa. El estado superior de conciencia nos traslada hacia un nuevo nivel. Y cuando sucede esto, nos damos cuenta que ese en realidad era el verdadero propósito de nuestras vidas.

La victoria final sobre su enemigo íntimo

A lo largo de este libro, hemos expuesto y explorado una serie de ideas nuevas que quizá nunca antes había considerado. Ideas de esta dimensión no llegan a ser parte práctica de su vida con el sólo hecho de leerlas. Como todo lo que en esta obra se proclama, debe aprender la verdad empezando por su propio ser interior. Si estas ideas han de convertirse en realidad, deberá ocurrir en usted y a través de su propia experiencia en la vida. Esta es la razón por la cual se le han presentado cantidad de ejercicios de autosuperación. Cada uno le da la oportunidad de conocerse a fondo, revelando nuevas formas de vivir con la coyuntura necesaria para que descubra por sí mismo si las realidades de la vida y las características del enemigo íntimo han sido expuestas de forma acertada a lo largo de estos capítulos.

Quizá la idea principal conectada a su autoinvestigación es que algo vive adentro de su ser que se llama así mismo su amigo, consultor o guía. El habla con su voz y escucha con sus oídos. Y le dice que él es usted mismo. La verdad es que este ser no es usted. Es nada más que la colección de respuestas condicionadas y reacciones mecánicas, algunas de las cuales han sido parte de su cuerpo y otras han sido aprendidas a través de las muchas experiencias discordantes. Hemos llamado esta colección que constituye su falsa imagen "un enemigo íntimo". Como una colección, el enemigo íntimo está compuesto de cantidad de fragmentos incompletos en su forma individual. Esta naturaleza psíquica no habla con una sola voz, pero sí a través de un sinnúmero de "imágenes" que ha desarrollado con el tiempo y en todo tipo de situaciones. Hemos llamado a cada una de estas "imágenes" , la persona a cargo temporalmente, o la LPCT. Una imagen o ser momentáneo, resultado de la creación del momento que produce las condiciones para su breve aparición.

Esto no significa que la imagen falsa o la naturaleza falsa, no tenga su razón de ser. En realidad, y lejos de causarnos daño, varios de sus aspectos son naturales y necesarios para nuestra interacción práctica con el mundo físico. De cierta forma, esta falsa naturaleza es similar a lo que Freud llamó el Ego. Freud analizó el ego como una estructura mecánica compleja que se desarrolla entre el ser y el mundo físico. El consideraba que algo fue creado para servir al ser.

El problema con la naturaleza falsa es que ha tomado control del ser. En lugar de ser un buen servidor, se ha convertido en el maestro; uno malo en realidad. Esta es nuestra condición actual: Apartados de la vida real, escondidos detrás de la pared creada por el ser.

Pero, en este momento, se podría preguntar: "¿Quién es el que hace el trabajo interno?".

Afortunadamente para algunas personas, existen unos pocos buenos servidores que no encuentran futuro en el mundo manejado por la imagen falsa. Muy posiblemente uno de esos servidores es el que está leyendo este libro ahora mismo y que ha sido alentado por las verdades que lo inspiran a continuar con su esfuerzo realizado.

En la medida en que aplicamos este aprendizaje en nuestra forma de vivir, es posible encontrar nuevas preocupaciones; pero distintos problemas concisos de lo que podría pasarnos si continuamos con los esfuerzos de liberarnos de nosotros mismos.

¿Qué clase de persona llegaremos a ser? ¿Quién hará lo que se necesita hacer? ¿Estaremos dispuestos a alejarnos de aquellos a quienes amamos sin sentir que hemos sido derrotados?.

Escuchemos la respuesta de la realidad: Todas las preocupaciones, como las que acabamos de exponer, son innecesarias. Mirando todo esto de manera superficial, usted y su vida parecerán lo mismo para alguien que no está enterado de su trabajo interno. Aún cuando parezca más calmado que el promedio de la gente, o quizá se aleje de conversaciones sin sentido como nunca antes lo había hecho, sus relaciones personales irán a mejorar. La falsa naturaleza no irá a desaparecer por completo, sólo se ubica en el sitio correcto. Mantendremos la memoria, nuestra capacidad de aprender, nuestros gustos personales. En realidad se convierte en algo mejor de lo que hasta ahora habíamos pensado. Ahora, esta imagen condicionada con todos sus conflictos del pasado ya no es más el enemigo íntimo. Ahora tiene un buen propósito para existir. Ya no nos domina y en lugar es usado para algo real en nosotros.

Un estado de verdadera conciencia superior está ahora en control y se enfrenta al mundo sabiendo que nada puede reemplazarlo, a excepción de algo aún más superior. Todo esto lo podrá experimentar algún día si continúa con su tarea y trabajo interior. La realidad está esperando a aquel individuo que ha esforzado en ver al enemigo íntimo como algo que nunca tuvo existencia real.

Nunca existió en realidad una batalla que luchar, pero si algo que mirar. Guy nos resume lo anterior de una forma clara y precisa. Léalo cuantas veces sea necesario en su intento de ganar terreno sobre su enemigo íntimo: "La verdadera lucha en nuestra búsqueda de la victoria es cambiar la naturaleza de esa lucha. Una nueva estrategia deberá ser asumida: debemos parar de luchar para lograr la victoria sobre el enemigo percibido y luchar para aliarnos con aquellos que ya han ganado la batalla".

Nota especial

... Atrévase a alejarse de aquellas relaciones mentales y emocionales conocidas que no dan un alivio temporal pero insatisfactorio. Su verdadera identidad lo está llamando. Pero para escucharla, deberá esforzarse el tiempo que sea necesario, para no temerle a la incertidumbre. Esta forma de autoabandono se transforma en insuperable satisfacción, cuando es evidente que el temor era una forma de control. Cuando se trata de saber quien es usted en realidad, no existe temor.

Este es un gran misterio. Sólo cuando sepa quien no es usted, podrá saber quien es usted en realidad. Escuche el llamado de su naturaleza superior. No tenga miedo de los espacios abiertos. Vaya en busca de la verdad, no de la seguridad. Usted también llegará al centro de su verdadero ser.

Guy Finley
Como triunfar sobre la ansiedad y los problemas

10

*Uno de los más grandes escollos de nuestra
disciplina espiritual consiste en no deshacerse
de la falsa naturaleza, sino en reconocer que
nunca existió. El reconocer significa ser
"pobre" en espíritu. "Ser pobre" no significa
"volverse pobre". "Ser pobre" significa que
desde el principio no hay que poseer ni deshacerse de nada. Nada que ganar ni perder.
Ser como se es, y a su vez, rico en posibilidades interminables. Esto es lo que es ser
"pobre" en el significado más explícito de la
palabra, esto es lo que la mayoría de las reli-
giones nos dicen. Ser absolutamente nada, es
ser todo. Cuando uno posee algo, ese algo
impedirá que otros algos vengan a nosotros.*

— Thomas Merton

RESPUESTAS PODEROSAS QUE LE AYUDAN A AYUDARSE

Guy recibe muchas cartas de lectores en busca de guía y
entendimiento profundo de sus vidas por medio de estudios como los presentados en este libro. Para ayudar a un

mejor entendimiento del lector en sus esfuerzos por implementar el trabajo sugerido, este último capítulo consta de respuestas por parte del autor a estudiantes que le han escrito.

Al leer el contenido de cada caso en particular, notará la diversidad de temas y situaciones que se consultan. Muy personal, en todos los casos, son en general motivantes y estimulantes. Estas cartas han sido ordenadas de tal manera que puedan resumir cada capítulo.

Para refrescar la memoria, del lector, un sumario de cada capítulo es presentado al comienzo de cada carta.

Nota al lector, por Guy Finley

Uno de los descubrimientos más fascinantes en el camino hacia la victoria, es que usted no se encuentra sólo en las luchas o sufrimientos como cierta parte de usted lo haya llegado a pensar.

Esto nos da la capacidad de ver que aquel problema que pensó era "suyo", no es en realidad así, en el sentido de ser personal, y que al contrario pertenece a "todo" ser viviente de la misma naturaleza.

Ya que los problemas y sufrimientos no son realmente únicos a su ser, sino que toman una forma particular de acuerdo a su experiencia individual y diferentes circunstancias, significan también que las preguntas que hacemos para poder encontrar soluciones son casi que comunes a todos nosotros.

Las siguientes preguntas y respuestas le probarán que usted no se encuentra sólo, bien sea desde el punto de vista de ser el "único" que siente de esta u otra manera, o el sentimiento certero de que, en realidad, hay una forma de lograr una vida nueva que se merece y debería estar viviendo.

Sumario del Capítulo 1

Los hombres y mujeres infelices, luchan incansablemente por crear un lugar donde se puedan proteger de lo que ellos perciben como un mundo hostil. Sin embargo, a pesar de lo que el pensamiento nos dice, el enemigo no está afuera de nosotros. El se encuentra en nuestro interior: como reacciones inconscientes y mecánicas que crean un mundo de amenazas a través de nuestra errónea percepción. Esta colección de reacciones mecánicas condicionadas y la falsa imagen que perpetúa lo llamamos el "enemigo íntimo".

La solución de nuestros problemas no se centra en "arreglar" lo que percibimos como problema en el exterior. Tenemos que reconocer y rechazar las reacciones mecánicas en "nuestro interior", en el nivel que ha creado el problema en primera instancia.

En la medida en que "aprendemos cómo aprender" sobre nosotros mismos, incrementamos también el poder de escoger la forma de clarificar la conciencia. Es la victoria interior que lleva la batalla a su final.

Pregunta—

He venido estudiando estas ideas por un buen tiempo y aún cuando he visto algún progreso, continúo siendo el mismo. Todavía me desanimo, me siguen engañando los demás y no tengo la fortaleza suficiente para manejar la situación. Además, no es fácil enfrentar la realidad de que no siempre soy quien digo ser. Si sólo pudiera saber con seguridad que hay un final feliz después de todo este trabajo.

Respuesta—

Debemos ser expuestos a un sinnúmero de obstáculos antes de empezar a entender la naturaleza de lo que nos atormenta. Por cada problema que enfrentamos, hay muchos más por descubrir en nuestro interior, así lo podamos ver o no. Debido a que los problemas que enfrentamos tienen su origen en la falta de atención, el despertar y una nueva atención es la única solución.

Por eso hay que persistir en el trabajo interior. Sólo con persistencia lograremos lo que no se puede aprender de otra forma.

Estas lecciones pueden ser aprendidas y sus recompensas adquiridas.

Nadie ha dicho que el camino del autodescubrimiento es fácil. Si alguien lo dijo, fue quizá porque nunca pasó por él o fue apenas un sueño. Al mismo tiempo nada es más fácil que vernos a sí mismos como en realidad somos, cuando estamos cansados de pretender.

Pregunta—

Cuando leo sus libros, una parte de mí siente que es la verdad, pero algunas veces parece algo muy difícil de lograr. Y me pregunto "¿Por qué debo ver todas esas cosas negativas sobre mí?" ¡Es humillante y duele mucho! ¿Hay un camino más fácil de seguir?.

Respuesta— Estimado M. R.

El dolor que siente no es lo que parece. De pronto puede ser causado por sus estudios de estos temas. Pero por favor, trate siempre de recordar lo siguiente: la angustia que siente al enfrentarse a una nueva idea no es culpa de la idea. El dolor pertenece, y viene, del nivel en que se encuentra y que se opone a ver esa nueva lección como parte de la búsqueda que ya ha emprendido. Cualquier angustia sobre nosotros, muestra que hemos tomado el lado equivocado en la batalla interior. Nuestro sufrimiento no prueba lo que sabemos es verdad. Por el contrario revela que no entendemos la situación ni tampoco nos entendemos a nosotros mismos. ¡Siga persistiendo!.

Pregunta—

Esta decisión que estoy enfrentando me tiene atormentado. ¿Cómo se puede saber de antemano cual es la decisión correcta? No quiero cometer un error, y mi hija me presiona continuamente a actuar. ¿Cómo podría balancear mis opiniones para encontrar una respuesta? ¿Tengo al menos una idea de cuáles son mis opciones?.

Respuesta— Estimado N. N.

No es siempre, por lo general, las cosas individuales que elegimos hacer o no, las que determinan la calidad de nuestras vidas. En lugar es el espíritu y la actitud con que la enfrentamos cada momento que nos hace ser como somos, y nos da la experiencia de la vida. Cuando logramos ese estado, nos liberamos de "Riesgos conscientes" ya que poco a poco llegamos a reconocer que la única situación que enfrentamos en la vida es a nosotros mismos.

Sumario del Capítulo 2

Cuando nos damos cuenta que debe haber algo más en la vida que la continua lucha en cada situación, es la señal para invitar a la verdad que nos vendrá a curar. Sólo cuando decimos honestamente "no entiendo este sufrimiento", la verdad tiene la oportunidad de revelar un nuevo entendimiento que nos aclarará el camino. Cada situación que parece dolorosa, es sólo una conjunción de factores que actúan temporalmente, siendo nuestra percepción uno de los elementos que más contribuyen a ese estado.

Con el tiempo, todas las condiciones cambian, "esto debe acabarse". Cuando dejamos de evaluar la situación desde el punto de vista infeliz y rechazamos la contribución inconsciente que perpetúa la dificultad, el problema se desvanece por si sólo. Nuestro desarrollo interior transforma cualquier situación exterior.

Pregunta—

He leído en sus libros que no nos deberíamos dejar atrapar por preocupaciones financieras. Pero en el mundo de hoy no se cómo usted puede evitarlo. Hace poco tomé unas decisiones de negocios equivocadas, y ahora parece que podría perder todo lo que he conseguido en mi vida. Debí de haber tomado mejores decisiones. Ahora que lo pienso, no se como sucedió. Ahora no confío en mis habilidades y no se que es lo correcto para mi o para los demás. Siento que las respuestas están en un nivel espiritual, pero no se cómo aplicarlas a mi situación. ¿Cómo es posible que una "idea" pueda ayudarme, cuando en este instante no soy capaz de cuidarme a mi mismo ni a mi familia en un nivel elemental?

Creo que siempre había pensado que el dinero y las posiciones me iban a mantener con seguridad, pero ahora que las he perdido, tengo miedo.

Respuesta— Estimado amigo J.

Primero que todo, sus sentimientos de vulnerabilidad son señales de que está empezando a despertarse poco a poco. En la medida en que el hombre descubre más y más la humillante verdad sobre su nivel actual de desarrollo, también se da cuenta que no está a cargo de nada, solamente puede explicar a su manera lo que ha sucedido. Así que, aquel sentimiento de no poder responder por sí mismo, es una buena señal que promete la posibilidad de aprender a depender de algo más allá de lo que hasta ahora había creído, algo que no lo abandonará en momentos difíciles. ¡Esto es lo que estamos tratando de lograr!.

En cuanto qué hacer sobre los temores de no tener suficiente, etc., lo que debe hacer es responsabilizarse de las necesidades esenciales de su familia.

¿De qué sirve tenerlo todo si lo que nos produce es miedo al pensar que quizá un día no tengamos nada? Sea lo que sea: dinero, aceptación, familia, amigos, etc. Debemos llegar al punto de sentirnos cansados y saturados de sentir miedo del día en que no tengamos nada en nuestras vidas, aún cuando ya se ha probado que el tenerlo todo, no tiene el poder de crear seres humanos sin miedo.

Nuestro problema es el miedo y no el objeto que el miedo nos dice que debemos poseer como fundamento esencial de poseernos a nosotros mismos. Considere esta idea y déjela que le demuestre su capacidad.

Pregunta—

Estimado Guy. Tengo el placer de anunciarle que finalmente todo parece estar funcionando en mi vida. Todos los problemas que tenía en el trabajo se han resuelto favorablemente, también he conocido una mujer que realmente parece tener la cabeza en su sitio. Pero ahora no quiero descuidarme. ¿Tiene alguna insinuación?.

Respuesta— Estimado J. P.

Me alegra saber que todo le está saliendo bien. Los dos momentos más importantes para que un hombre trabaje aún con más intensidad en su autosuperación es cuando las cosas parecen ir mejor que nunca y cuando parecen no funcionar de ninguna manera. En otras palabras, no deje que la buena fortuna, o la mala, lo aleje de su trabajo interno. Todo en la vida da vueltas una y otra vez. La verdad por si sola siempre se le presenta con una sonrisa.

Sumario del Capítulo 3

Los estados negativos son como espíritus que invaden nuestro sistema psíquico sin que nos enteremos. Una vez estas fuerzas externas han entrado en nosotros, las aceptamos y cuidamos porque nos dan una poderosa sensación de plenitud. A través de nuestra atención, les damos vida y justificamos su existencia. Lo que odiamos y tememos no es real; son nuestros pensamientos que interpretan la situación como negativa, un enemigo que es la creación de nuestra mente—. Podemos deshacernos de la fascinación de estos espíritus y verlos como la situación pasajera que representan. No necesitamos luchar contra ellos ni rendirnos. Sólo tenemos que ignorar su presencia. De esa forma les negamos nuestras vidas y nuestra energía para no ser rodeados por enemigos que nosotros mismos hemos creado.

Pregunta—

La carta habla sobre cómo esa persona perdió dinero en un negocio después de haber sido engañado por dos hombres.

Me da pena admitirlo, pero tengo rabia y resentimiento. Dos emociones que creía habían quedado atrás. Todavía no puedo creer que me hayan engañado en esa forma. Esos dos hombres eran mis amigos y ahora se han llevado lo que tenía como herencia para mis hijos. Estoy abrumado, con rabia y a la vez con culpa, y también preocupado por la suerte de mis hijos. Todo esto me está matando. ¿Qué podría hacer en mi situación?.

Respuesta— Estimado Dr. H.

No existen palabras filosóficas que lo puedan aliviar en momentos como los que está viviendo, así que no le ofreceré ninguna. Sin embargo, me ha preguntado que podría "hacer" si yo estuviera en su lugar. Primero que todo sacaría fuerzas de lo más profundo de mi ser y rechazaría sentir lástima por mi mismo. Luego empezaría de nuevo otra vez, no importa lo que me cueste. No existe poder en la tierra que pueda interferir con la intención de actuar.

Después, en lugar de desesperarme por mi pérdida, examinaría con detalle lo que dice mi interior de que mi valor principal se basa en dinero, o lo que sea que haya perdido.

Luego me propondría a perder interés en esa naturaleza que se identifica con mi nombre.

El odio por los demás o por las cosas destruye al que odia. Es una ley espiritual. Así que haría todo lo necesario para poner a un lado mi odio y resentimiento, viendo que al hacer esto, estoy desperdiciando energías que podrían ser utilizadas en propósitos productivos.

Por último, consideraría seriamente, no lo que creo que debería dejarle a mis hijos, sino qué es lo que les estoy dando en estos momentos con mis actitudes y ejemplos.

Luego, les haría saber con claridad por medio de mis nuevas acciones, que el hombre no es lo que posee, pero en lugar, es lo que lo posee. Y desde que es posible escoger que es lo que lo posee, empecemos por rechazar ser poseído por espíritus negativos. Significa que puede escoger a su favor, una y otra vez, y tantas como sea necesario, lo que es auténticamente la verdad para usted.

Pregunta—

Mi hijo menor me está enloqueciendo. Yo trato de ser cariñosa con él, como dicen los expertos, pero no lo puedo aguantar por mucho tiempo. Luego él hace algo que acaba con mi paciencia y entonces lo castigo, y por consiguiente, es seguido por un sentimiento de culpabilidad de mi parte. Los profesores en la escuela me envían notas continuamente sobre su mal comportamiento y, sin importar lo que hacemos, parece que él empeora más. Ellos lo dejan hacer casi todo lo que quiera con tal que no se transforme en agresión física, pero hacia el fin de semana, él está prácticamente fuera de control. Yo he leído libros sobre el tema; unos me dicen que sea tolerante, lo cual ya se que no funciona, y otros me dicen que sea drástica, lo que me hace sentir culpable. Me siento como en un callejón sin salida. ¿Tiene una verdadera respuesta a todo esto?.

Respuesta— Estimada D. F.

La verdadera respuesta a esta pregunta es que nunca podemos dar algo a alguien que no poseemos.

La mayoría de los profesores tratan de resolver estos problemas de la misma forma en que ellos han venido manejando su comportamiento neurótico, o en otras palabras, ellos no tienen idea que hacer cuando se presentan estados negativos. Así que al no saber como tratarse a sí mismos, fuera de saber que odian la forma como fueron tratados cuando estaban creciendo, encuentran como única salida al problema enfocándolo desde el punto de vista opuesto. No opuesto, puede solucionar la situación que su opuesto ha creado.

Todos los niños deben ser disciplinados. Pero esto no significa castigados, por los estados negativos del adulto que los supervisa.

Hay cosas como ser estricto con gentileza, fuerte corrección, disciplina con tacto. No educamos los niños correctamente para que puedan crecer y aprender los valores correctos. Esto es debido a que cuando nos llega el momento de ser la persona indicada, hay un residuo de equivocaciones en nosotros: rabia, temor, resentimiento. Ya sabe como es. En lugar de confrontar todas estas debilidades, aceptemos los errores de los niños con la esperanza de que van a crecer por el buen camino porque decimos que estamos haciendo lo mejor por ellos dejándolos que encuentren su propia dirección.

No tome a mal lo que estoy diciendo. Es necesario aceptar los errores de los niños. Pero se debe permitir que el niño (a) empiece aceptando sus estados negativos como acciones necesarias. ¿Pero que más pueden ellos hacer si eso es lo que usted y yo les hemos venido mostrando?.

Sumario del Capítulo 4

La gente no tiene una sola imagen como aparentemente se ve. Secretamente son una multiplicidad.

En la medida en que nos identificamos con cada diferente "yo" que toma el comando de las acciones, equivocadamente creemos que ese "yo" es quien en realidad somos. Pero cada uno de esos "yo" es sólo la creación pasajera de ciertas condiciones. Estos "yo" cambiantes, o falsas imágenes del "yo", aparecen continuamente según la condición de la falsa naturaleza.

Cada "yo" temporal es llamado "la persona a cargo temporalmente" (LPCT). Cada uno de estos personajes aparecen para lidiar con situaciones "vistas" por la falsa naturaleza. Pero estas situaciones que enfrentamos no son nada más que la interpretación de la vida, o el resultado de una respuesta condicionada por los sucesos. Cada unos de estos LPTC no tienen poder para permanecer. Ellos cambian de acuerdo a los cambios y condiciones con que la vida se presenta.

El observar es un factor muy importante para cambiar nuestra relación con la falsa naturaleza. Al aumentar la capacidad de observación, el poder de los LPTC se debilita dando paso a algo real y permanente que empieza a emerger de nuestro ser.

Pregunta—

Yo esperaba que las cosas se hicieran más fáciles en la medida en que maduramos, pero siento que cada día me encuentro con problemas y exigencias de la gente hasta el punto de no saber que hacer. Mientras más intento resolver las cosas, más complicadas se transforman. Nada en realidad se resuelve. Siempre es un problema tras otro. Siempre pensaba que podía manejar los problemas, pero ahora estoy empezando a pensar que yo soy el problema.

Respuesta— Estimado P. A.

El "no saber que hacer" no es el problema. El problema radica en que no sabemos decirnos lo que debemos hacer. Este es un problema fundamental y espiritual también, y por lo tanto la única forma de resolverlo es a través de autodescubrimiento espiritual.

Este descubrimiento nos lleva a una conclusión, partiendo de que no somos quienes pesábamos que éramos, tampoco lo son nuestros problemas que nacen del pensamiento donde percibimos lo que queremos ver.

Se que esto no es sencillo de lograr, pero es mucho mejor vivir donde no existe conflicto que tener que escoger uno de los bandos, cuando hay una guerra. Así usted ganará por completo.

Pregunta—

He decidido hacer lo que usted dice y así "despertar". Hasta ahora nada significante ha sucedido. ¿Estoy haciendo lo correcto?.

Respuesta—

La esencia de alcanzar verdaderos descubrimientos espirituales y ganar la paz que conlleva, depende de la capacidad del hombre en darse cuenta cual es su poder y cual no lo es.

Su mente diaria no está en capacidad de crear al ser superior que está buscando. Y allí es donde parece estar la confusión por lo general.

Cuando la mente reconoce qué puede y qué no puede hacer, el proceso de libertad se ha iniciado. Y al negar su propia identidad como resultado de su nueva forma de entendimiento, la mente se tranquiliza, el hombre empieza a despertar en una nueva realidad y algo inimaginable en este momento sucede. ¡No se detenga! Siempre encontrará la salida.

Pregunta—

Ya no confío en mi mismo. Tengo miedo de hacer cualquier cosa. Pensé que si intentaba encontrar un ser superior en mi vida, todo iba a presentarse con mayor claridad ¡y no con confusión!. ¿He tomado el camino equivocado?.

Respuesta— Estimada A. C.

En general nadie entiende que antes de la llegada de la luz, llegará algo que se percibe, por la falsa naturaleza, como un camino de oscuridad. Este paso no puede ser abolido pero no debe ser temido, ya que eventualmente nos mostrará que no era la oscuridad que pretendíamos ver.

Este es el gran misterio que solamente el explorador dedicado puede resolver. Entregue su corazón a la verdad. Ella sabe qué hacer con él exactamente. Cuando esto empieza a aclararse para usted, será el principio de la aventura más fascinante que este mundo puede ofrecer.

Sumario del Capítulo 5

Sufrimos por condiciones que parecen tener poder sobre nosotros. Pero en realidad es el LPCT que hace dolorosa la situación. Una visión nueva de las condiciones opuestas transforma todo en algo diferente.

A través de la historia podemos ver que aquellos que pueden aprender las lecciones "escondidas" de la vida, se levantan por encima de la adversidad y encuentran un significado superior en su existencia.

El primer paso es comenzar a dudar de nuestro sufrimiento. Por ejemplo, sufrimos porque muchas de las cosas en la vida nos son intrascendentes. Cuando vemos que la esperanza de encontrar algo permanente en esas cosas ha sido desplazada, podemos encontrar algo más allá que nos da la verdadera permanencia.

Otro ejemplo, sufrimos por la responsabilidad que nos hemos impuesto y el pretender controlar todo lo que sucede al rededor. Este sufrimiento desaparece cuando nos damos cuenta que no somos responsables de controlar la vida y sólo tenemos que despertar nuestra atención para entenderla.

Pregunta—

He estado esperando que la verdad se apodere de mi vida. Me gusta leer sus libros porque me hacen sentir que es posible. Ellos despiertan algo en mi, pero luego ese sentimiento desaparece. Creo que no he sido capaz de mantener un buen sentimiento cuando me enfrento al mundo. Todavía sigo sufriendo de esos males de rabia y resentimiento. A veces pasan días enteros sin que piense acerca de la verdad porque estoy abrumado con las preocupaciones. Todo esto me hace pensar si lo que usted dice algún día va a suceder. A veces me siento perdido, y sin importar lo que haga, no puedo encontrar la salida.

Respuesta— Estimado C. R.

Nuestra naturaleza actual es feliz sintiéndose infeliz. Ya se que suena extraño, pero a pesar de esto, es la verdad. Este estado incesante de descontento nos otorga un camino interminable para caminar en nuestros pensamientos y eventualmente en las acciones.

Como ya lo ha visto, este camino no lo lleva a ningún lado. Pero este es el paso a que se refiere su pregunta.

Esta falsa imagen tiene su propia naturaleza, su propia vida, y no está dispuesta a dar la bienvenida a la luz de las acciones que le mostrarán como es, una sombra, una imitación de la vida.

Aún cuando es cierto que nos sentimos perdidos, también es cierto que detrás de esta oscuridad se encuentra la real naturaleza de la vida, ¡y esto es por lo cual usted debe persistir!.

Pregunta—

¿Por qué la gente tiene que ser cruel unos con otros? Me es difícil explicarle lo asombrado y desilusionado que me encuentro por aquellos sucesos que le expliqué al comienzo de esta carta. No puedo entender por qué tiene que ser así.

¿Qué pasó con la lealtad y la decencia de la gente? ¿Por qué hay tanto egoísmo? ¿Hay alguna esperanza para la gente?.

Respuesta— Hola D.

Difícil como pueda parecer, su sensación de injusticia y derrota no es de ninguna manera extraña. Podría estar asombrado, y espero que esto suceda, de lo innecesario que es la condición humana y su característica casi que incambiable. En un mundo donde toda la gente conoce el miedo, no es de extrañarse que todos vivan sus vidas como en conspiraciones secretas y situaciones distorsionadas, todo esto con el fin de obtener una seguridad que se destruye en su interior desde el momento en que empieza a conspirar.

Pero aquí está la respuesta para quienes deseamos una vida superior. Deje que "la muerte entierre la muerte". Tenemos muchas cosas más importantes que hacer.

Pregunta—

Estoy muy enojada debido a que mi esposo no quiere dejar el alcohol para salvar nuestro matrimonio. Han pasado seis meses desde que lo amenacé que me iba a ir de la casa, pero hasta ahora no he tenido las fuerzas para hacerlo. Tengo mucha rabia con él por hacerme sentir como me siento. Si sólo él intentara cambiar. Yo no esperaba una vida así. Cómo quisiera que el problema desapareciera, pero también se que desperdicio el tiempo con sólo pensar de esa manera. Si sólo pudiera desistir de mi intento y así poder seguir con mi vida.

Respuesta—

Uno de los problemas más grandes que tenemos, que parece estar conectado con el comportamiento de los demás, en realidad no tiene nada que ver con ellos. Tendemos a buscar, en los sitios equivocados, el amor que creemos debería estar en nuestras vidas. Cuando el amor no nos corresponde, el gran dolor que experimentamos no tiene mucho que ver con esa persona, pero si con el derrumbe de nuestras expectativas y esperanzas por el verdadero amor.

El dolor que sentimos por el engaño, la pérdida, etc. es debido en su mayoría al reconocimiento una vez más que hemos estado buscando algo permanente en lo pasajero.

El pasar por estos trastornos, y los descubrimientos a que llevan, no significa que debemos dejar el ser amado. Pero si debemos dejar que la vida nos enseñe lo que nos está intentando enseñar. El no desear la lección no hará que desaparezca. Lo que sucede es que el dolor crece en proporción enorme hasta que estalla, apartándose de la situación, sólo para darnos cuenta que en realidad no hemos cambiando nada, porque todo este tiempo el problema estaba en nuestro nivel de entendimiento espiritual.

Lo más difícil de hacer en los momentos difíciles es pedirle a la verdad que le muestre lo que necesita saber de usted. ¡Pero haga el intento!.

Sumario del Capítulo 6

El desarrollo interno requiere del trabajo y el deseo de aprender por experiencia. Nos privamos del proceso de curación cuando nos tornamos defensivos y no admitimos el error.

El cambio comienza cuando pasamos de culpar la realidad, aceptamos que fue nuestra falta de entendimiento el que creó el problema y luego aprendemos la lección para la próxima vez.

Recordemos el ejemplo del niño que enfrentó a la casa embrujada. Nuestra investigación nos muestra que no hay necesidad de temer nada en nuestro interior. No necesitamos seguir cualquier interpretación errónea por parte del LPCT.

En el pasado hemos venido saltando de un estado emocional a otro sin estar conscientes de la situación. Pero ahora podemos cambiar ese comportamiento interno que nos traiciona con el sólo hecho de tomar una "pausa psíquica". Aún cuando nos despertemos después que hemos sido dominados por una emoción incontrolable, no hay necesidad de luchar contra ese estado. Sólo necesitamos estar atentos y despiertos. Cuando logramos la victoria interior, no hay estado o condición que nos pueda conquistar de nuevo.

Pregunta—

Creo que soy muy obstinado. Por 43 años he venido buscando una cosa tras otra. Observo continuamente a las personas y pienso que ellos tienen algo que yo no tengo. Así que hago todo lo que está a mi alcance para lograr lo que ellos tienen, pensando que esta vez si va a funcionar. Sin importar cuantas veces me desanime, ya me estoy alistando a perseguir mi siguiente sueño. ¿Voy a aprender algún día a dejar de correr?.

Aún cuando siento que lo que dice es verdad, y que debo dejar de buscar la respuesta de esta manera, siento que la situación que vivo me domina. Debe haber algo que pueda hacer para cambiar de escenario. "que es lo que no puedo ver?".

Respuesta—

Shakespeare escribió: "El mundo es un escenario y todos los actores caminan sobre él". El problema es que nadie sabe que están actuando. No hay discrepancia entre la felicidad que algunos profesan y el sufrimiento que actualmente se experimenta.

Espiritualmente hablando esa es la razón por la cual la condición humana es difícil de describir y se encuentra en un estado avanzado de deterioro. Pero en esa gran paradoja espiritual llamada conciencia superior o renacimiento es donde el descubrimiento espiritual se lleva a cabo y se despierta en nosotros. Despertar de un sueño infeliz perturba al soñador. ¡Pídale a la verdad que lo ayude a despertar!.

Pregunta—

Primero que todo tengo que agradecerle por hacerme ver ciertos errores que venía cometiendo y que ahora estoy tratando de corregir por medio de estas ideas. Pero no soy lo suficientemente fuerte todavía, y ahora estoy pasando por un mal divorcio. Parece que estoy perdiendo el control sobre mis acciones. Quiero honestamente vivir la clase de vida que describe en sus libros, pero a veces me doy cuenta que me estoy comportando como una "idiota". Ahora que viene el juicio sobre mi divorcio, tengo miedo de que voy a perder algo en mí que en realidad no quiero ver. Mi esposo sabe como sacarme de quicio y creo que no es correcto dejarlo que se salga con las suyas. ¿Cómo puedo ir en busca de la verdad si todo en mí me está gritando que tome revancha?.

Respuesta—

No hay nada más placentero que el saber de alguien quien en el proceso de encontrar la verdad, se ha empezado a encontrar a sí misma. Por eso es que estamos aquí. Para redescubrir la vida como si fuera por primera vez. Esta vida está comenzando en el espíritu. Pero, al haber "encontrado" esa nueva dirección y caminar sobre ella son dos cosas diferentes de nuestra existencia.

En cuanto a la pregunta de cómo permanecemos en el nivel de la verdad de la vida superior a pesar de las circunstancias, la respuesta se encontrará a través de un proceso difícil, y no me refiero al que le espera en la corte.

El proceso a que me refiero, sin importar sus apariencias, es siempre el mismo. Lo único que nos molesta en esta vida es la expectativa que hemos creado en él. Le daré una lección en la forma de dos preguntas que recomiendo las ponga en práctica cada día.

Primera; ¿tiene algún sentido quemarse en fuego porque alguien más, cualquiera que sea, insiste en quemarse por cualquier razón? Segunda; si alguien se está quemando con llamas mentales y emocionales, ¿qué necesidad tengo de empujar a esa persona aún más?; ¿o mostrarle a esa persona el error en que está, especialmente cuando él (ella) desea quemarse? Estimada amiga, viva con la verdad de la forma como sabe hacerlo y siga con su vida. Usted no puede tener algo nuevo mientras permanece anclada a algo viejo.

Liberarnos de un proceso difícil, es como estar en una cueva de leones. Deberá hacer lo que es verdad aún cuando se le diga lo contrario. ¡Hágalo! Usted encontrará la ayuda necesaria para triunfar. Esta es la promesa de la verdad.

Pregunta—

Algunos problemas parecen más difíciles de manejar sólo por intentar responder en forma diferente. ¿Qué hacer cuando alguien está haciendo todo lo posible para amargarme la vida? Yo amo a mi esposa y creo que ella también me quiere, pero ella puede ser tan cruel a ratos que no lo puedo entender. Ella sabe como herirme y no importa lo que yo haga para cambiar, ella lo va a seguir haciendo. ¿Cómo podría hacer para que ella cambie?.

Respuesta— Estimado amigo

A veces nos hayamos involucrados en una mala relación amorosa hasta el punto que intentamos crear algo diferente. Su esposa no es el problema, aún cuando gente abusiva afectan a todos a su alrededor, incluyendo ellos mismos. En la medida en que crea que ella es la razón por su situación actual, su estado no puede ni podrá cambiar.

No hay nada más importante para usted que su deseo de una vida nueva, libre y plena.

Sumario del Capítulo 7

Es posible encontrar la verdadera identidad de autoridad en nosotros que prevalezca sobre todo LPCT y su constante batalla con la realidad. Hay dos métodos poderosos que pueden ayudarnos.

El primero nos dice como reconocer que la vida en un campo de batalla no tiene sentido y nos coloca en un estado de cambio. Esta clase de cambio o transferencia espiritual requiere una transformación total hacia algo superior, y se logrará cuando nos demos cuenta del beneficio en creer que podemos ganar la batalla final.

El segundo método nos enseña a encontrar un lugar seguro en nuestro ser interior, y que nos protege de toda condición adversa. La clave en este proceso está en desarrollar una mente clara con un objetivo definido en la búsqueda de la verdad. La vida superior tiene más valor que cualquier victoria en el campo de batalla.

Pregunta—

Cuando analizo mi comportamiento, parece que la emoción que prevalece en mí es la rabia. Siempre está allí. Frecuentemente me siento atrapado en recuerdos crueles e injustos.

Se que permitir que esto suceda no está bien, pero me siento sin fuerzas para parar estos pensamientos que se repiten. ¿Qué puedo hacer? De verdad estoy cansado de mis emociones fuera de control.

Respuesta—

Como usted ya lo sabe, la rabia lo está destruyendo. Y como ya lo sabe también, no se justifica el repetido pensamiento que lo lleva a actuar en forma agresiva. El hecho de que está cansado de la situación, significa que está listo para el cambio. Así que, esta es una forma de manipular lo que lo ha venido manejando.

La próxima vez que un estado agresivo se presente, ya sea en pensamiento, como recordando algo que alguien le hizo en el pasado, haga lo siguiente tan pronto como pueda.

Comience por ver que algo externo a su verdadera naturaleza se ha impuesto sobre usted, dominando su vida. Una vez haya hecho esto, no haga nada más, a excepción de reconocer que aún sin poder detener ese estado interior, por lo menos ha reconocido ese estado negativo e intruso. Este estado de alerta y conciencia sobre su condición dolorosa es lo que significa identificar el problema. Ese es su trabajo. La luz de alarma cumplirá con su parte y usted cumple con la suya. ¡No desfallezca hasta lograr su libertad!.

Pregunta—

Sus enseñanzas dicen que las exigencias y expectativas que establecemos nos causan problemas. Yo se que es verdad. Siempre planeo cómo la gente debería actuar y cómo hacer las cosas. Pero ellos nunca hacen lo que estoy esperando y como resultado me da rabia y desconsuelo. Siento que yo mismo me estoy causando dolor. Si sólo pudiera aprender a querer lo que la vida quiere para mi, quizá mis temores se acabarían. Pero no puedo ni imaginar como empezar a cambiar. ¿Cómo puedo ir en contra de mis propios pensamientos? ¿Cómo puedo aprender a ver las cosas de una forma nueva y diferente?.

Respuesta—

Cambiar, en forma radical, significa dejar morir en nosotros esa influencia psicológica negativa para dar paso a algo superior, algo magnífico que puede hacerse cargo de nosotros. Este cambio ocurre cuando aprendemos con conciencia. Esta nueva acción se puede llevar a cabo pero es indispensable la fuerza y el deseo intenso de hacerlo. Nuestros estudios nos preparan para lo que necesitamos ver en nosotros y así liberarnos de todos esos pensamientos.

Pregunta—

Usted escribe acerca de vivir "el momento" y dice que debemos tratar de estar siempre en tiempo presente. Yo trato de recordar sus sugerencias, pero me crea problemas constantemente. Siempre busco un lugar en paz, pero nunca lo encuentro. Mi mente parece hacer todo lo posible por distraerme. ¿Por qué continúo luchando contra lo que en realidad quiero?.

Respuesta— Hola V.

Si, es verdad. Lo ideal sería vivir completa y espiritualmente en el presente. Ese lapso de tiempo que llamamos "ahora", no es en absoluto un tiempo, pero es un reino sin límites, sin tiempo, duradero y eterno. Ese reino vive en nosotros, donde se encuentra nuestra verdadera vida, aún cuando en este instante percibimos que la vida se aleja de nosotros.

Así que !persista¡ Lo que nos aparta del momento presente es la falsa naturaleza. En la medida en que aprendemos a ver a través de ella y la dejamos ir, lo que la reemplaza es un estado de paz permanente y duradero.

Sumario del Capítulo 8

Lo que experimentamos en la vida se deriva de donde colocamos la atención.

Cuando enfocamos la atención en mundos diminutos que crean los pensamientos, perdemos la oportunidad de disfrutar algo inmenso en un mundo superior.

El autoconocimiento requiere honestidad total. Debemos reconocer que no somos lo que nuestra autoimagen nos dice. Si permitimos que el autoestudio nos muestre la verdad, podemos avanzar a una vida superior, más allá de lo que actualmente imaginamos. No importa cuantas veces fallemos en nuestro intento, siempre habrá una nueva oportunidad. El conocimiento superior es nuestra única meta y cada paso en el camino es un paso más a la victoria.

Pregunta—

Necesito un poco de estímulo. "Trabajar en mí mismo" parece no tener final y cada vez me confunde más. Ahora observo a mis amigos que no tienen idea de todo esto y parece que ellos nunca tienen objeciones sobre sus acciones. No estoy diciendo que son felices, pero al menos no están dudando de sus acciones continuamente. Sé también que usted tiene la razón cuando dice que debemos alcanzar algo superior en la vida, pero ¿Cuándo es que empezamos a ver las cosas mejorarse?.

Respuesta—

Tenga la seguridad de que hay mejores soluciones, y que con paciencia en su autoestudio de superación, llegará a ese punto, esto nos muestra su conflicto acerca del proceso y sus dificultades.

Imagínese a una persona escalando una colina para tratar de llegar a la cima y admirar un valle magnífico y lleno de belleza. Su perspectiva al subir, especialmente cuando se acerca al final, es que es difícil y trabajoso. Pero imagínese también a aquel que ha logrado llegar y ahora está descendiendo hacia un paisaje increíble. Su perspectiva en este momento es que la subida valió la pena por todo el trabajo que costó.

Como se puede dar cuenta, en algunos pasajes, el autoestudio es difícil, pero en otros vale la pena mil veces el esfuerzo. Y aún mejor que todo, las recompensas espirituales nunca se disipan como sí sucede en las materiales.

Pregunta—

Probablemente es una excusa, pero a veces pienso que si estuviera en circunstancias diferentes, podría progresar mucho más en mi vida espiritual. Tengo una cantidad de obligaciones con mi trabajo, mi familia y mis propias metas. Todo esto me aparta de lo que en realidad creo que debo hacer. Mi esposa me complica la vida un poco más. He tratado de hablar con ella sobre qué realmente vale en la vida, pero ella no lo entiende. Creo que estoy afrontando mi autoestudio de la misma intensidad con que realizo cualquier otra actividad y me está causando problemas. No puedo apartarme de mi vida material o de mi vida espiritual. ¿Será que tengo que escoger entre esos dos caminos? ¿Cómo puedo escoger?.

Respuesta—

Su vida profesional es importante. ¿Cuál es el problema? Cada día dedique el tiempo necesario para mantener a su familia. Cuide de su esposa y no espere que ella entienda lo que usted mismo no puede. Pero si trabaje con constancia en su mundo espiritual, ella lo notará, se sentirá atraída por ese nuevo lado suyo y lo seguirá hasta el fin de este mundo.

Deje de complicarse la vida tratando de encontrar esos sentimientos de paz que tiene en mente. El verdadero trabajo interior está en el entendimiento. Los sentimientos superiores vendrán en forma natural, sin preocupaciones ni esfuerzos.

Sumario del Capítulo 9

El dolor que experimentamos refleja el entendimiento se sentirse separado o alejado. Culpamos las condiciones externas, pero hay sólo una razón. Cuando un LPCT aparece en nuestra mente, se hace así mismo completo e indispensable, apartándonos de la realidad imponiendo su falsa interpretación. Este es el enemigo íntimo.

Pero cuando podemos sorprender al LPCT en su intento de "intervención", nos liberamos de esa falsa autoridad. Así luego podemos experimentar la vida como la primera persona y cada momento se convierte en original, que es supuestamente lo que debe ser.

"Abriendo el círculo" se restablecen las líneas de energía entre el individuo y la verdad superior. La falsa naturaleza ya no distorsionará la vida con sus intentos de establecer reglas y en lugar la verdad se presentará al servicio del nuevo ser. Ya no es más el enemigo íntimo y la batalla interior habrá sido ganada.

Pregunta—

Mi vida circula entre lo malo y lo peor. Siempre estoy frustrado porque las cosas no me salen como lo deseo. No tengo la capacidad de controlar lo que creo.

Creo que sus ideas para acabar todas estas dificultades son muy tentadoras. Sin embargo, dudo mucho en iniciar un trabajo interno en mi forma de ver la vida; porque, aún cuando podría traerme la paz que estoy buscando, también creo que si no resulta será la catástrofe total. Si aclaro mi mente de pensamientos ¿quién va a hacerse cargo de las cosas? No tengo ni idea que es lo que significa vivir mi vida sin estar en control de las situaciones.

Respuesta—

Trabajar en su interior para apaciguar la mente no significa que "va a quedar sin pensamientos". En realidad, el proceso de liberar la mente de su propio contenido no tiene nada que ver con los pensamientos prácticos que necesitamos como para manejar un vehículo, leer un libro, cocinar, etc. De muchas maneras, "desocupar la mente" no es algo que "hacemos" del todo. La libertad viene de nuestro interior emocional y mental, en la medida que reconocemos que estas dos partes de nosotros nos pueden servir y se pueden quedar.

Aprendemos a vivir con las partes que nos guían y las partes que nos sirven. Esas "partes" son los pensamientos y los sentimientos que nos ayudan en el diario vivir, recordando los detalles necesarios que pueden dar inspiración y tranquilidad. Estos aspectos de psique son beneficiosos y necesarios para nuestra existencia física. Pero son, o al menos están diseñados para ser, servidores de las necesidades de la vida práctica, mental y emocional.

Por otro lado, hay aspectos de la naturaleza que no prestan ningún servicio a nuestro ser, pero que interfieren en todo momento.

Estos pensamientos, aparentemente servidores, son los que la psique experimenta como sentimientos negativos; un conflicto que produce actividad mental y emocional.

Cuando nos despertamos de ese estado apaciguado, nos damos cuenta que nuestra existencia ha sido manejada en forma inconsciente. En otras palabras, la mente se despierta en sus contradicciones. Esto significa "desocupar" la mente. De lo contrario, las acciones que se toman para lograr la libertad nos envuelven, añadiendo confusión e ideas más incompletas sobre nuestro ser y sobre la naturaleza de la libertad.

Pregunta—

Durante el día intento muchas veces empezar de nuevo, pero honestamente, no importa que me diga a mí mismo, no puedo liberarme del nerviosismo y la rabia, o cualquier otro sentimiento negativo que esté sintiendo en algún momento. Quizá estoy esforzándome demasiado, pero parece que no tengo resultados.

Respuesta—

El verdadero "empezar de nuevo" no es un proceso mental, aún cuando la mente se utiliza con ese propósito. Así como una escalera se utiliza para llegar a lo alto de una pared, lo que lo ubica en el otro lado, es el salto que da al final.

Su naturaleza, o como la quiera llamar, es su ser actual. Este ser superior no necesita empezar todos los días porque vive permanentemente en el presente. Estas son sólo palabras. Esta naturaleza existe en realidad, así como la posibilidad de vivir en nosotros para siempre en nuestra vida actual. Las derrotas como los problemas no existen para esta naturaleza, porque no tienen pasado. Es sólo ahora. Este es el objetivo de nuestros estudios superiores: crecer con más y más entendimiento que nos lleve a una nueva y completa naturaleza presente.

Para abreviar, necesitamos despertar. Usted puede hacerlo en este momento. Termine esta carta y con tranquilidad vuélvase consciente de su ser, sin pensar en ello. Esta clase de consciencia, suspende el pensamiento habitual que sirve como referencia. Al tener una ausencia momentánea de los pensamientos mecánicos naturales, logramos alcanzar otra vida, una cuya naturaleza es lo mismo que "empezar otra vez".

Nota especial

> *No son las condiciones en que nos encontramos lo que determina la clase de trabajo que debemos realizar para lograr la liberación. Esto es lo que la falsa imagen nos quiere hacer creer. La verdad es totalmente lo opuesto. Es el trabajo que hacemos en nosotros lo que en realidad cambia las condiciones en que nos encontramos, cualquiera que sean.*
>
> **Guy Finley**
> *Como triunfar sobre la ansiedad y los problemas*

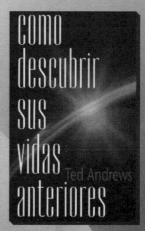

SUEÑOS:
LO QUE SIGNIFICAN
PARA USTED

Los sueños, la mente humana y su conciencia. *El Diccionario de los Sueños* da un significado acertado de cientos de imágenes.

5³/₁₆" x 8¹/₄" • 224 pág.
1-56718-881-8
$7.95 U.S. • $9.95 Canadá

¡Nuevo título!

¡Nueva edición

PEREGRINAJE

¿Qué sucede después de la muerte? Aquí se exploran las teorías y experiencias sobre la existencia de otras vidas.

5³/₁₆" x 8¹/₄"• 254 pág.
1-56718-330-1
$9.95 U.S. • $13.50 Canadá

Creado por Zolrak
Illustrado por Durkon
EL TAROT DE LOS ORISHAS

Esta fascinante baraja emplea por primera vez las energías poderosas de la Santería y el Candomblé Brasileño.

La Baraja • 1-56718-843-5 • $19.95 U.S. • $26.50 Can.
El Libro • 1-56718-844-3 • $14.95 U.S. • $19.50 Can.
El Conjunto • 1-56718-842-7 • $32.95 U.S. • $45.50 Can.

Ray T. Malbrough
HECHIZOS Y CONJUROS
Por medio de velas, hierbas o cualquier cosa que tenga a la mano, aprenderá la práctica de la magia europea y africana.
5³/₁₆" x 8¹/₄"• 174 pág.
1-56718-455-3
$6.95 U.S.A. • $9.50 Can.

¡Pronto a publicarse!

Raymond Buckland
RITUALES PRÁCTICOS CON VELAS
28 hechizos completos con instrucciones para casi cualquier propósito: obtenga amor, dinero, protección contra el mal, incremente su suerte y mucho más.
5³/₁₆" x 8¹/₄"• 220 pág.
1-56718-096-5
$6.95 U.S.A. • $9.95 Can.

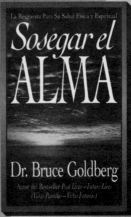

ALMANAQUE ASTROLÓGICO
1998

ALMANAQUE / ASTROLOGÍA
ISBN: 1-56718-939-3
13 x 10 • 36 pág.
$9.95 U.S., $13.95 Canadá
12 ilustraciones a color
Derechos mundiales disponibles

!el horóscopo
para
todos
los signos!

MANTÉNGASE EN CONTACTO...
¡Llewellyn publica cientos de libros de sus temas favoritos!

En las páginas anteriores ha encontrado algunos de los libros disponibles en temas relacionados. En su librería local podrá encontrar todos estos títulos y muchos más. Lo invitamos a que nos visite.

Ordenes por Teléfono	✔ Llame gratis en los Estados Unidos y Canadá, al Tel. 1-800-THE-MOON. En Minnesota, al (612) 291-1970. ✔ Aceptamos tarjetas de crédito: VISA, MasterCard, y American Express.
Ordenes por Correo	✔ Envíe el valor total de su orden (residentes en MN agreguen 7% de impuesto) en $U.S. dólares más el costo de correo a: **Llewellyn Worldwide, P.O. Box 64383, Dept. (K-3301), St. Paul, MN 55164-0383, U.S.A.**
Correo & Transporte	✔ $4 por ordenes menores a $15.00 ✔ $5 por ordenes mayores a $15.00 ✔ No se cobra por ordenes mayores a $100.00

En U.S.A. los envíos se hacen a través de UPS. No se hacen envíos a Oficinas Postáles. Ordenes enviadas a Alaska, Hawai, Canadá, México y Puerto Rico se harán en correo de 1ª clase. **Ordenes Internacionales:** Aereo, agregue el precio igual de c/libro al total del valor ordenado, más $5.00 por cada artículo diferente a libros (audiotapes, etc.). Terrestre, Agregue $1.00 por artículo.

4-6 semanas para la entrega de cualquier artículo. Tarífas de correo pueden cambiar.

Rebajas	✔ 20% de descuento a grupos o distribuidores. Deberá ordenar por lo menos cinco copias del mismo libro para obtener el descuento.

Catálogo Gratis
Ordene una copia de *New Worlds of Mind and Spirit*. Suscríbase por solo $10.00 en U.S.A. y Canadá ($20.00 en otros países; correo de primera clase). *New Worlds* está a la venta en muchas librerías. ¡Ordénelo!